R.E.I. Editions

Tutti i nostri ebook possono essere letti sui seguenti dispositivi:

- Computer
- eReader
- iOS
- Android
- Blackberry
- Window
- Tablet
- Cellulare

Mantelli - Brown - Kittel - Graf

Aggregat A4 - La V-2

ISBN: 9782372972888

Pubblicazione: gennaio 2025

www.rei-editions.com

Mantelli - Brown - Kittel - Graf

Aggregat A4
La V-2

R.E.I. Editions

Indice

La V-2

Il missile V-2 fu il precursore dei missili balistici e fu ampiamente utilizzato dalla Germania durante le ultime fasi della seconda guerra mondiale, in particolare contro Gran Bretagna e Belgio.

- La sigla V-2 sta per Vergeltungswaffe 2, (arma di rappresaglia 2 in tedesco, un'idea di Joseph Goebbels per fini di propaganda).

Il missile era designato dai suoi progettisti come A4 (Aggregat 4): già dal 1927, i membri della Società tedesca iniziarono i primi test sui razzi a combustibile liquido.
Nel 1932, la Reichswehr (la Difesa Nazionale Tedesca) si interessò degli sviluppi di questi test soprattutto per il settore militare, e una squadra condotta dal Generale Walter Dornberger rimase molto impressionata dal test di un vettore progettato e costruito da Wernher von Braun.
Nonostante le caratteristiche di questo primo razzo fossero molto limitate, Dornberger riuscì a intuire la genialità di von Braun e, quindi, lo spronò a entrare nell'esercito al fine di continuare lo sviluppo delle sue ricerche: Von Braun accettò, così come fecero molti altri membri della società.

- Il missile A-4/V-2 era inintercettabile.
- Un'arma contro la quale non c'era difesa.

A tutt'oggi, solo uno schieramento di Patriot o SA-10 potrebbe pararne l'attacco, e con costi enormi, contro quello che era un antenato degli attuali Scud, simili in prestazioni e testata ma più precisi e con peso della metà.
Il 6 settembre 1944, quando i missili V-1 cominciavano già a scemare, le V-2 iniziarono a essere lanciate contro Parigi, ma senza successo: l'8 settembre, invece, iniziarono a colpire

Londra.

- Il loro arrivo era privo di segni premonitori, niente allarmi e sibili.

Il governo fece credere che si trattasse di fughe di gas, ma ben presto dovette ammettere la minaccia: la gente non la prese malissimo, visto che era più fatalista vedere esplodere di quando in quando un palazzo che subire il terrore di sirene e contraerea, e grappoli di bombe che cadevano dal cielo.
I Londinesi continuarono a sperare nella vittoria e resistettero, anche se ebbero migliaia di vittime.

- L'unica arma avvistata in aria da uno Spitfire, che virò e gli si portò all'attacco, in men che non si dica era sparita tra le nubi.

Lanciare la V-2, però, non era facile: c'erano oltre 100 tonnellate da portarsi dietro per lanciare tali armi; si dovevano erigere dopo aver montato la testata, che conteneva Amatol, esplosivo poco potente ma stabile visto che al rientro nell'atmosfera esplosivi più potenti sarebbero esplosi, come accadde spesso, nonostante la spessa struttura di fibra di vetro usata per l'isolamento.

- La successiva fase era di erigere l'arma con la testata su di una piattaforma metallica riutilizzabile (fino a una dozzina di volte), e poi rifornire l'ordigno con 4.173 kg di alcol etilico e 5.533 kg di ossigeno.

Era difficile, quasi come se fosse un programma sperimentale, piuttosto che un'arma operativa, ed era pericoloso se c'erano problemi, ad esempio, se tirava un forte vento laterale.
La preparazione al lancio della V-2 era difficile, e richiedeva 28-30 veicoli di sostegno.

Tutto un altro mondo rispetto al singolo camion ad alta mobilità dei discendenti evoluti missili Scud.

Il missile era pronto dopo ore di lavoro e bisognava stare attenti anche alle incursioni aeree, con i Typhoon sempre in giro a bassa quota, visto che il raggio delle V-2 era limitato e non poteva essere aumentato molto.

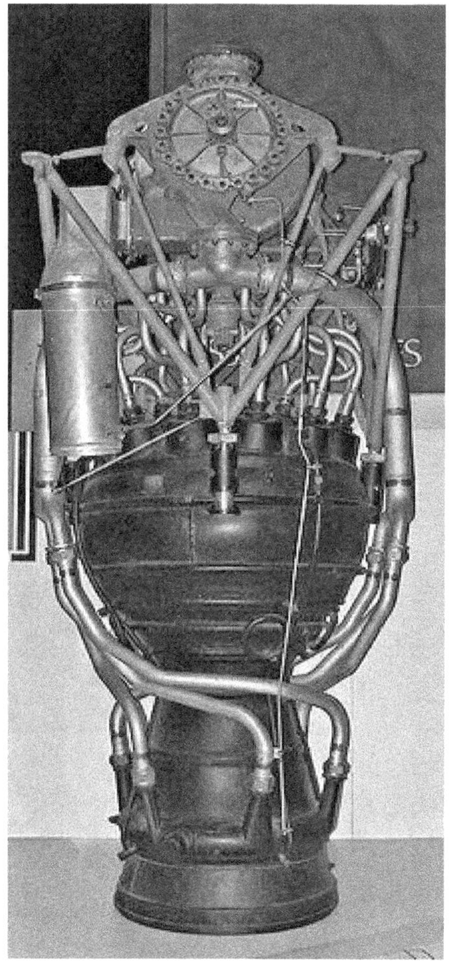

Il motore a razzo A4 con turbopompa, generatore di gas e struttura di spinta.

- L'arma non era molto precisa, circa 4 km dal centro del

bersaglio, ma era un po' meglio, nondimeno, della V-1.

Quest'ultima era intercettabile, ma, dopotutto, portava, grossomodo, la stessa carica sulle stesse distanze, ma con un peso e un costo molto inferiori, oltre che con un sistema più facile da produrre e usare.

Alcune delle straordinarie capacità ingegneristiche della V-2 possono essere viste in questa vista in sezione della pompa del carburante della turbina. Funzionava a 5.000 giri al minuto ed era alimentata dal vapore generato da due carburanti ausiliari.
Deutsches Technikmuseum di Berlino.

In seguito vennero anche pensate delle V-2 lanciabili da speciali contenitori trainati da sommergibili, e addirittura a V-2 con le ali, sistema ingegnoso ma difficile da attuare per sfruttare meglio l'energia dell'arma.

Al dunque, la potenzialità dell'endoreattore, azionato con turbopompa da 730 hp che mescolava nella camera di combustione i componenti, mentre il getto veniva deviato con pannelli di grafite secondo la piattaforma stabilizzata interna che era il sistema di guida, venne sfruttata a lungo: persino i razzi colossali del tipo R-7 Semyorka sovietici erano basati ancora su quel tipo di endoreattore, con 20 motori montati in parallelo a formarne uno più potente.

- E, nonostante la complicazione, questo complesso usato dai Sovietici ha dimostrato di funzionare con un'affidabilità notevolissima.

Collegato alle V-2 fu il Rocket U-boat, un progetto militare tedesco segreto, per la creazione del primo sottomarino lanciamissili balistici in grado di lanciare SLBM (sigla inglese che sta per Submarine-launched ballistic missile ovvero "missile balistico lanciato da sottomarino").
L'idea, in seguito abbandonata, fu concepita dal Terzo Reich durante la seconda guerra mondiale: il piano originale prevedeva l'uso degli U-Boot tedeschi per un attacco alla città di New York grazie all'uso dei nuovi missili V2.

- Nel 1941 si pensò di adattare l'unità U-511 della classe U-Boot Tipo IX-C, che già dai primi esperimenti aveva confermato la validità dell'idea, essendo in grado di far fuoriuscire i missili dalla sua parte superiore, sia in emersione, sia in immersione fino a una quota di 12 metri.

Tuttavia, a quei tempi, la Germania era più concentrata sullo sviluppo della V-1, e, quindi, questo progetto fu messo da parte.
Nel 1943 il progetto fu riproposto dopo che la V-1 ebbe raggiunto lo stadio operativo: ancora una volta, però, il progetto di usare la V-1 su un U-Boot fu accantonato.

- Si tornò a parlare di questo progetto nel 1943-44 in forma più avanzata, progettando l'attacco a New York: nome in codice Prufstand XII.

Per questa missione si volevano utilizzare i missili V-2, ma i sottomarini non erano in grado di ospitarli e, quindi, si decise di passare a un'altra soluzione, ovvero, montare la V-2 all'interno di un grande contenitore cilindrico a tenuta stagna che sarebbe stato rimorchiato attraverso l'Atlantico: dopo aver raggiunto la sua posizione di lancio, la V-2 sarebbe stata lanciata su New York.

A tal fine si pensava di utilizzare l'U-Boot Tipo XXI, che avrebbe trainato tre contenitori attraverso l'Atlantico, contenitori che oltre alla V-2 avrebbero contenuto anche la riserva di combustibile (gasolio) destinata ad alimentare il sommergibile nel corso del suo viaggio.

Per lanciare il missile, le cisterne di zavorra nel contenitore sarebbero state inondate, portandolo in posizione verticale per essere lanciato verso il suo obiettivo.

Tuttavia, gli alleati erano a conoscenza del programma missilistico della Germania e avevano elaborato un piano di emergenza, nome in codice Operazione Teardrop, che consisteva nell'utilizzo di quattro gruppi di portaerei per evitare la penetrazione degli U-Boot sulle coste americane.

E, infatti, nel marzo 1945, un gruppo di sei U-Boot tipo IX-C fu intercettato lungo le coste americane e quattro sommergibili furono affondati, anche se poi fu stabilito che non si trattava di un attacco missilistico con le V-2.

- Tra il settembre 1944 e il febbraio 1945, un totale di 5.300 V-2 furono fabbricate a Mittelwerk.

2.800 furono lanciate, di cui circa la metà colpì l'obiettivo: 1.050 caddero sull'Inghilterra, uccidendo 2.754 persone e ferendone 6.523, arrivando a distruggere 400.000 abitazioni, oltre a danneggiarne 4.000.000.

Il Belgio conobbe la medesima sorte.
Nell'ottobre del 1944, Londra fu colpita da 25 V-2 e Anversa da 10; il lancio più mortale avvenne su Anversa il 16 dicembre 1944: 561 persone rimasero uccise in un cinema.

Storia

Già nel 1929 l'esercito tedesco investì nella ricerca sull'uso militare dei missili.
L'obiettivo perseguito era, in particolare, quello di trovare il modo di aggirare le restrizioni del Trattato di Versailles che limitava lo sviluppo delle forze aeree tedesche.
Responsabile di queste ricerche fu Karl Becker, soldato di carriera e ingegnere di artiglieria, il cui completamento affidò al capitano Walter Dornberger: questi era responsabile dello sviluppo di razzi a propellente solido di peso compreso tra 5 e 9 kg e della realizzazione di ricerche teoriche sulla propulsione a propellente liquido.
Un poligono di tiro situato a Kummersdorf, alla periferia di Berlino, fu utilizzato tra il 1930 e il 1932 per lanciare missili a propellente solido.
L'Aeronautica Militare, per la quale von Braun ha sviluppato i razzi di assistenza al decollo, così come l'Esercito da cui dipendono Dornberger e Becker, erano pronte a mettere a disposizione importanti risorse finanziarie.
Nel 1936 la squadra di von Braun contava ormai 80 persone e il campo di Kummersdorf era diventato troppo piccolo per i test previsti: su suggerimento della madre di von Braun, le strutture furono trasferite a Peenemünde, una località 250 km a nord di Berlino, sull'isola di Usedom, lungo la costa del Mar Baltico.
Il sito prescelto, nel nord dell'isola, è di difficile accesso e disabitato, e risponde alle specifiche di un progetto segreto, mentre l'isolotto di Greifswalder Oie, situato a una decina di chilometri al largo, costituisce una zona di lancio ideale.
L'aeronautica e l'esercito tedeschi stanno finanziando 11 milioni di marchi per un complesso di alloggi, strutture industriali e apparecchiature di prova che ospiterà più di 2.000 scienziati e ingegneri, nonché più di 4.000 tecnici e lavoratori.

Due stabilimenti vengono costruiti uno accanto all'altro: la parte occidentale con una superficie di 10 km^2 è occupata dall'Aeronautica Militare che dispone di un campo di atterraggio per velivoli sperimentali, ma con strutture modeste perché sul posto non sono previste attività di ricerca.

La parte orientale, in cui sono installati, nel maggio 1937, ricercatori e tecnici guidati da von Braun, comprende un impianto per la produzione di ossigeno liquido, un piccolo porto e una serie di alloggi piuttosto lussuosi per i nuovi arrivati.

I principali edifici tecnici e i banchi prova si trovano all'estremità settentrionale dell'isola.

L'aumento di potenza necessario le 25 tonnellate di spinta del motore A4 richiedeva una revisione completa del design del motore a razzo.

Thiel, un dottore in chimica particolarmente dotato e fantasioso, fece quattro scoperte decisive:

- Conferisce ai fori degli ugelli iniettori una forma che imprime un movimento rotatorio alle goccioline di ossigeno liquido, omogeneizzando così la miscela e aumentando la velocità di espulsione dei gas combusti da 1.700 a 1.900 m/s .
- Posiziona gli iniettori in una precamera nella parte superiore della camera di combustione, migliorando ulteriormente il processo di miscelazione.
- Accorcia la camera di combustione aumentandone il diametro: la riduzione del volume consente un aumento del rendimento e una riduzione del peso.
- Ottimizza la forma dell'ugello. L'angolo con la verticale era stato fino ad allora fissato a 10-12°, ma gli esperimenti effettuati da Thiel gli hanno permesso di dimostrare che un angolo di 30°, riducendo le forze di attrito tra i gas combusti e la parete dell'ugello, permetteva di raggiungere la velocità di espulsione prevista di 2.000 m/s.

Dopo aver provato diverse configurazioni che hanno provocato bruciature o problemi di raffreddamento, Thiel ha scelse una configurazione con 18 iniettori a forma di fungo.
Per raffreddare le pareti della camera di combustione portate alla temperatura di 2.400° C, il team di Thiel arriva a realizzare il raffreddamento a film fluido, che consiste nel far circolare lungo la parete interna della camera di combustione un fluido più freddo dei gas di combustione che impedisce così alla struttura di raggiungere il suo punto di fusione

- Quattro file di fori poste a diverse altezze della camera di combustione iniettano un velo di etanolo (alcol etilico) che dissipa il 90% del calore totale.

L'etanolo che circola in una doppia parete nella parte superiore della camera di combustione assorbe il calore rimanente attraverso il raffreddamento rigenerativo.
I deflettori del getto, posti all'uscita dell'ugello, hanno il compito di correggere la traiettoria durante la fase di propulsione ma sono soggetti a temperature molto elevate: infatti, le leghe di tungsteno e molibdeno, inizialmente testate, si sono rivelate insoddisfacenti e sono state sostituite dal carbonio.

- Il motore è alimentato da propellente tramite una turbopompa per raggiungere la pressione necessaria nella camera di combustione.

I primi studi furono ispirati dalle pompe antincendio sviluppate dalla società Klein, Schanzlin e Becker: tuttavia, l'adattamento di questi modelli alle temperature estreme generate dall'ossigeno liquido, e il vincolo di massa, imponevano soluzioni che raggiungevano i limiti delle conoscenze tecniche dell'epoca.
Per azionare la turbopompa von Braun scelse un generatore di gas (vapore acqueo) utilizzando perossido di idrogeno,

sviluppato da Hellmuth Walter per la seconda versione sperimentale di un Heinkel He 112, a cui fu aggiunto un motore a razzo, l'He 112R. Lo sviluppo dell'intero sistema di propulsione fu completato solo nel 1941.

Lo sviluppo della V-2 ebbe inizio intorno al maggio 1937, ma non vi fu un primo test della propulsione su un banco di prova fino al 21 marzo 1940.

Il primo razzo completo viene portato al banco di prova per un test statico nell'ottobre 1940, ma il lancio fu rinviato per tutta la prima metà del 1941 perché si presentarono numerosi problemi: saldature di scarsa qualità, problemi nella gestione delle valvole e dei comandi del motore a razzo, sviluppo delle tubazioni del sistema di iniezione e del gruppo turbopompa/generatore di gas.

I test statici furono completati solo nell'estate del 1941 e il motore a razzo fu lanciato per la prima volta sul banco di prova nel settembre del 1941.

- Tuttavia, i problemi sono lungi dall'essere risolti.

Un prima V-2 esplode sulla rampa di lancio danneggiandola gravemente, mentre un motore a razzo esplode sul banco prova motori il 5 novembre.

Domberger critica violentemente gli ingegneri responsabili del centro (Wehrner von Braun, Thiel e Riedel) per aver lasciato che ingegneri inesperti si occupassero di questi test per loro e per essersi sprecati dedicando troppo tempo alla preparazione della produzione.

Finalmente ebbe luogo il primo volo il 13 giugno 1942.

Il missile decolla e poi scompare dietro il bassissimo soffitto di nuvole: rompe la barriera del suono ma la propulsione si arresta in seguito all'esaurimento della batteria elettrica, derivante dal rapidissimo movimento di rollio iniziato al momento del lancio.

Alla fine la V-2 si schianta in mare a circa 600 metri dalla riva.

Il secondo volo ha avuto luogo il 16 agosto 1942.

Il razzo decolla questa volta senza rollio e supera la velocità di

Mach 2 ma la propulsione si ferma 45 secondi dopo il decollo, invece dei 60 secondi previsti, e si schianta a soli 8,7 chilometri dal sito di lancio.
Dopo diverse modifiche, in particolare il rafforzamento della punta del razzo, ebbe luogo un terzo lancio il 3 ottobre 1942 ed è un successo totale.

- Il razzo salì a un'altitudine di 80 chilometri e si schiantò in mare a 190 chilometri dal punto di partenza.

Nel dicembre 1942, Albert Speer riuscì a convincere un riluttante Hitler a iniziare la produzione di massa degli A4 da utilizzare come armi: data la minaccia aerea alleata, fu proposto di lanciare le V-2 verso il sud del Regno Unito, dai fortini installati lungo la costa francese.
I tecnici di Peenemünde avevano progettato questi enormi impianti che avrebbero permesso di:

- Alloggiare il combustibile e l'ossidante sotto diversi metri di cemento.
- Locali tecnici per la produzione di ossigeno liquido e l'esecuzione di test, oltre ai magazzini per i missili.
- Un sistema di trasporto per i missili.
- Le caserme per ospitare da 250 a 300 specialisti, tutti protetti da batterie antiaeree.

Domberger, tuttavia, aveva un'idea completamente diversa: per lui solo le squadre mobili, composte da soldati che avevano ricevuto un addestramento specializzato, potevano sfuggire ai combattenti alleati. Alla fine i funzionari tedeschi decisero di creare una batteria fortino e due batterie mobili.
I lavori alla batteria sotto il fortino sono affidati all'organizzazione Todt e iniziano nel marzo 1943 a Eperlecques vicino a Calais.
Il sito viene scelto perché si trova nel raggio d'azione delle regioni colpite dai missili, vicino a una linea ferroviaria e

relativamente riparato dagli attacchi aerei sia dal terreno che dalla vegetazione.

Il fortino di Eperlecques, una struttura gigantesca, impiegò rapidamente diverse migliaia di persone, principalmente francesi mobilitati dalla STO (Servizio di Lavoro Obbligatorio, che prevedeva, durante l'occupazione della Francia da parte della Germania, la requisizione e il trasferimento in Germania di centinaia di migliaia di lavoratori francesi contro la loro volontà, per partecipare allo sforzo bellico tedesco) perché era previsto il getto di 120.000 m^3 di cemento.

Già nel mese di maggio, però, le foto scattate dagli aerei da ricognizione avevano allertato gli alleati: sebbene non conoscano lo scopo dell'installazione, decidono di lanciare un massiccio bombardamento.

- Il 27 agosto, quindi, sul sito furono sganciate 366 bombe da una tonnellata, provocando danni che portarono all'abbandono del sito stesso da parte dei tedeschi.

In seguito al bombardamento di Eperlecques, i leader tedeschi decisero di costruire la batteria corazzata in un'ex cava di gesso situata non lontano nel comune di Helfaut, vicino a Saint-Omer. L'installazione comprendeva un'immensa cupola di cemento (la cupola Helfaut) di 71 metri di diametro e 5 metri di spessore, sotto la quale doveva essere scavata una rete di gallerie e stanze. Il sito in costruzione fu, a sua volta, regolarmente bombardato nel marzo 1944, ma senza risultati significativi.

Tuttavia, il 17 luglio 1944, un raid che utilizzava le gigantesche bombe Tallboy sconvolge il terreno abbastanza da destabilizzare le fondamenta della cupola altrimenti intatta.

I tedeschi decisero, quindi, di abbandonare definitivamente l'idea di costruire postazioni di lancio riparate in fortini, e di affidare il lancio a battaglioni di lancio mobili.

In seguito all'abbandono dei fortini corazzati, furono formate delle unità specializzate per lanciare i missili.

Un missile V2 al museo di Peenemünde.

L'organizzazione scelta mirava a semplificare il più possibile le operazioni di lancio per ridurre i tempi di preparazione e consentire l'utilizzo di siti non preparati.

- I missili V-2 venivano consegnati via ferrovia e poi

immagazzinati in officine situate a pochi chilometri dai siti di lancio: squadre di tecnici addetti all'officina controllavano il funzionamento dei missili prima di consegnarli alle squadre di lancio che, scelto il luogo di lancio, caricavano i propellenti prima di effettuare il lancio stesso.

Il generale delle SS Hans Kammler, che dirigeva la produzione delle V-2, creò, durante l'estate del 1944, due unità destinate al lancio delle V-2, ciascuna composta da più di 5.000 uomini e circa 1.600 veicoli specializzati: otto battaglioni composti ciascuno da 3 unità di lancio.
Il raggruppamento settentrionale, installato vicino a Nijmegen, Paesi Bassi, comprendeva i battaglioni 1./485, 2./485, 3./485.
Il raggruppamento meridionale, costituito all'inizio della campagna di tiro intorno a Euskirchen, in Germania, comprendeva i battaglioni 1./836, 2./836, 3./836, 1./444, 2./444 e 3./444 16.

- La prima V-2 fu stata lanciata l'8 settembre 1944 da Gouvy, in Belgio, direzione Parigi.

In 5 minuti raggiunge Maisons-Alfort, la periferia parigina, provocando 6 morti e 36 feriti: "Parigi aveva appena avuto il formidabile privilegio di essere il primo bersaglio di un ordigno balistico militare".
Lo stesso giorno, Duncan Sandys, presidente del "Comitato britannico per la lotta contro la bomba volante", aveva dichiarato in una conferenza stampa che "a parte alcuni possibili colpi finali", la battaglia per Londra era completata.
La prima V-2 lanciata contro Londra cadde a Chiswick: ci vorranno due mesi e 200 esplosioni sul territorio inglese, prima che il governo britannico comunichi gli attacchi delle V-2.
Il segreto era tanto più facile da mantenere perché, a differenza dei V-1 che avevano un caratteristico ronzio che evocava il

motore di una motocicletta, i missili arrivavano a una velocità di Mach 3,5, superiore alla velocità del suono, cioè nel silenzio più totale, quindi, le esplosioni potevano essere attribuite a qualunque tipo di causa.
E, infatti, quando la prima V-2 cadde su Londra, nessuno allora capì che si trattasse di una bomba: si credeva che un edificio fosse esploso a causa del gas, finché non furono scoperti i detriti del missile.

- In tutto, furono costruite 4.000 V-2 da lanciare verso Londra e il Regno Unito.

Entrate in servizio molto tardi, le V-2 furono lanciate da siti che l'avanzata delle truppe alleate richiedeva di essere spostati più volte: nei Paesi Bassi dalla regione di Middelburg e soprattutto l'Aia, permettendo loro di raggiungere Londra, poi da Rijs, regione di Norfolk, Hellendoorn e Dalfsen, verso il Belgio e il ponte di Remagen.
In Belgio e Renania i lanci sono avvenuti da Saint-Vith e Mertzig verso Parigi, poi dai dintorni di Coblenza verso il nord della Francia e il Belgio.
Le ultime batterie furono installate nella regione di Münster, con destinazione Anversa e Liegi.

- Nonostante i danni inflitti alla produzione e alle infrastrutture di lancio, furono lanciate 1.560 V-2 tra l'8 settembre e la fine del 1944.

Il lancio di altre 1.500 V-2 continuò fino al 27 marzo 1945, principalmente dall'Aia, e sempre verso Londra, principale obiettivo civile dei tedeschi, e Anversa, oltre che verso alcuni obiettivi militari: gli ultimi razzi furono lanciati verso Kent.

- Le unità di lancio disponevano di una trentina di veicoli specializzati per consentire il lancio.

I missili V-2 fabbricati a Mittelwerk venivano consegnati su rotaia alla stazione più vicina, trasportati su rimorchi specializzati, i Vidalwagen, e poi immagazzinati in officine situate a pochi chilometri dai siti di lancio.

- Ogni officina poteva immagazzinare circa 30 missili ma, ove possibile, il tempo di stoccaggio era limitato a pochi giorni,perché durante i test era stato notato che i fragili componenti del razzo si degradavano rapidamente nel tempo.

In questi laboratori, squadre di tecnici addetti all'officina controllavano il funzionamento dei missili, impostavano la carica esplosiva, quindi, trasportano ciascuna V-2 utilizzando un Vidalwagen vicino al luogo del tiro, in un luogo improvvisato, se possibile al riparo dagli aerei da ricognizione nemici.
Lì, il missile veniva trasferito al veicolo erettore Meillerwagen dell'unità di tiro utilizzando un portale rimovibile sviluppato per la movimentazione delle torrette dei carri armati.
Veniva poi curato dalla squadra di lancio che, dopo aver scelto un sito di lancio, lo installava su una rampa di lancio circolare con quattro supporti sotto le alette del missile.

- Al centro della rampa di lancio c'era un cono di spessa lamiera d'acciaio per deviare il getto dei gas in fiamme.

La piattaforma di lancio poteva essere posizionata su qualsiasi terreno pianeggiante e stabile (porzione di strada, piccola area di cemento), o anche su una semplice piattaforma costituita da traversine ferroviarie annegate in terreno ben compattato, che consentiva, quindi, il dispiegamento del missile praticamente ovunque.
La squadra di lancio caricava i propellenti prima di effettuare il lancio: quest'ultima fase si svolgeva in poco meno di 2 ore.
L'ossigeno liquido veniva trasportato in un'autocisterna che lo caricava in una stazione permanente: poiché l'ossigeno rimane liquido solo alla temperatura di -183° C, gran parte di esso

evaporava durante il trasporto.

- L'autocisterna ne trasportava, quindi, 6.400 kg mentre il missile ne necessitava solo di 4.900.

Per il lancio, l'aumento di potenza del sistema di propulsione avveniva in due fasi.

All'accensione, la spinta iniziale era di 3 tonnellate, il che non consentiva il decollo del missile, ma dava il tempo ai tecnici di controllare visivamente la fiamma prodotta, assicurandosi così che il motore funzionasse correttamente.

Dopo 3 secondi, la spinta aumenta a 25 tonnellate e la V-2 decollava.

Il motore a razzo funzionava per 65-70 secondi.

- L'accelerazione aumentava gradualmente e raggiungeva gli 8g, quando il motore si spegneva arrivati alla quota di 35 km.

Al termine del volo a motore, il V-2 proseguiva una traiettoria puramente balistica come una granata.

- Per inerzia, il missile continuava per una traiettoria ascendente che raggiungeva un picco di 97 km, prima di iniziare a perdere quota, schiantandosi al suolo a una velocità compresa tra 3.200 e 3.600 km/h.

Volando a una velocità superiore a quella del suono, colpiva senza essere prima udito.

Quando la V-2 veniva lanciata verso un bersaglio situato a una distanza prossima alla sua portata massima, la sua traiettoria era relativamente imprecisa: infatti, la distanza tra il bersaglio e la zona effettivamente colpita era compresa tra 7 e 17 km, il che rendeva l'arma inutilizzabile per scopi militari.

Verso la fine della guerra i tedeschi utilizzarono un sistema di guida radio, il Leitstrahlstellung, che consentì di migliorare questa precisione, ma il cui utilizzo era limitato alla batteria SS

500 di stanza vicino a Dalfsen/Hellendoorn nei Paesi Bassi. Nonostante la sua natura innovativa come missile aria-aria, l'impatto della V-2 è stato soprattutto psicologico.

- Rispetto ai bombardamenti convenzionali, questi primi missili balistici, imprecisi, fabbricati in numero relativamente limitato e dotati di una carica esplosiva ridotta, giocarono solo un ruolo marginale a livello strategico o tattico.

Un singolo bombardiere pesante convenzionale costava molto meno per una capacità distruttiva e una precisione molto maggiori ed era riutilizzabile.

- Ma la V-2 aprì la strada alle armi moderne che divennero nell'ultimo terzo del XX secolo il principale supporto alla deterrenza nucleare e ai cosiddetti attacchi "chirurgici".

La V-2, infatti, era un'arma praticamente inarrestabile, a differenza della V-1, ma che richiedeva una lavorazione lunga e complessa per una carica inferiore a una tonnellata di esplosivo e scarsa precisione.

- Nessun obiettivo militare o industriale degno di nota è stato colpito dalla V-2.

Il suo ruolo era soprattutto propagandistico, per mantenere le illusioni del Führer e dell'opinione pubblica tedesca, convinta che le armi segrete avrebbero cambiato le sorti della guerra.
Un fallimento tattico, ma, tuttavia, un brillante successo tecnico: la V-2, infatti, è direttamente all'origine dei missili intercontinentali, ma anche del volo spaziale e della conquista dello spazio.
Il missile V-2 ha avuto, infatti, un ruolo decisivo nel secondo dopoguerra nello sviluppo dei missili balistici e poi dei lanciatori alla fine degli anni '50, perché ha permesso lo

sviluppo di numerose tecniche spesso utilizzate ancora oggi:

- Si tratta, in assoluto, del missile più potente costruito all'epoca, che contribuì, così, in modo decisivo, alla creazione di motori per missili ad alta spinta.
- La V-2 utilizzava per la prima volta, per l'alimentazione del propellente, una turbopompa alimentata da un generatore di gas.
- Fu il primo missile ad avere un motore la cui spinta poteva essere modulata, al termine della fase propulsiva, al 31% della fase nominale.
- Fu il primo missile ad avere un sistema di guida autonomo, in grado di correggere la traiettoria tenendo conto dei movimenti nell'atmosfera.

Consapevoli dell'immenso progresso compiuto dagli ingegneri e dai tecnici tedeschi, gli alleati fecero, quindi, di tutto per sfruttare le attrezzature, la documentazione e gli specialisti.

E, infatti, gli Stati Uniti, durante l'operazione Paperclip, esfiltrano e reclutarono importanti scienziati missilistici tedeschi tra cui Wernher von Braun, Walter Dornberger, Adolf Thiel, Hermann Oberth e Arthur Rudolph.

- Recuperarono più di 100 V-2 nella fabbrica Mittelwerk, che furono i primi a occupare, prima di cedere questa parte del territorio ai sovietici.

Le V-2 furono trasportate negli Stati Uniti per studio e poi lanciate dal centro di lancio di White Sands nel New Mexico a partire dal 1946.

Le V-2 furono, inoltre, i primi razzi sonda in grado di raggiungere più di 100 km e di studiare l'alta atmosfera utilizzando strumenti scientifici di bordo.

- Il 24 ottobre 1946, una V-2 fu utilizzata per scattare la prima foto della Terra vista dallo spazio a 105 km di altezza, utilizzando una cinepresa cinematografica Devry

35 mm fissata al missile.

Inoltre, diversi missili furono sviluppati direttamente dalla V-2, come il Bumper, una V-2 modificata sormontata da un razzo americano WAC Corporal, inclusi i primi due lanci da Cape Canaveral nel luglio 1950.

- Il missile Viking è una copia migliorata del missile V-2, grande la metà, che fu utilizzato come razzo sonda tra il 1949 e il 1955 e poi servì come primo stadio per il lanciatore leggero Vanguard, sviluppato per mettere in orbita il primo satellite artificiale americano.

Gli specialisti tedeschi rimpatriati negli Stati Uniti furono, in seguito, trasferiti a Fort Bliss, in Texas, una struttura dell'esercito responsabile dello sviluppo di missili balistici.
Nel 1950, von Braun fu nominato direttore tecnico dello stabilimento Redstone Arsenal dell'esercito degli Stati Uniti situato a Huntsville (Alabama) e destinato allo sviluppo di missili guidati.
Il suo team di ingegneri tedeschi sviluppò il missile aria-aria Redstone, derivato direttamente dalla V-2 tedesca, e il primo missile balistico guidato dell'esercito americano, che sarebbe stato utilizzato nel 1961 per il lancio dei primi astronauti americani.

- Nel 1956 von Braun fu nominato direttore delle ricerche per l'Agenzia per i missili balistici dell'esercito americano, all'interno della quale il suo team assicurò lo sviluppo dei missili Pershing e Jupiter.

Il primo satellite americano Explorer 1 è stato lanciato da un razzo Juno I progettato principalmente da ingegneri tedeschi.
La V-2 ebbe, comunque, in termini scientifici, un successo clamoroso, poiché raggiunse un apogeo molto maggiore di quanto previsto da Von Braun, superando la mesosfera e

raggiungendo la termosfera, penultimo strato dell'atmosfera terrestre.

Caratteristiche tecniche

Il missile V-2 era una macchina da 12,5 tonnellate (4,5 tonnellate a vuoto) alimentata da un motore a razzo che bruciava una miscela di etanolo e ossigeno liquido ed esercitava una spinta al decollo di 25 tonnellate.

- Decollava da una rampa di lancio che poteva essere mobile e veniva accelerato per 65 secondi fino a raggiungere la velocità di 1.341 km/s (4.827 km/h).

Disponeva di un sistema di guida giroscopico che adattava la traiettoria mediante superfici di controllo poste sull'impennaggio e deflettori del getto posti all'uscita dell'ugello. La sua traiettoria raggiungeva un picco di circa 90 km e trasportava una carica militare composta da 750 chilogrammi di esplosivo fino a una distanza di 320 km.
Il missile veniva azionato per più di 60 secondi da un motore a razzo che bruciava un carburante composto per il 75% da etanolo e per il 25% da acqua, denominato B-Stoff, con ossigeno immagazzinato in forma liquida ad una temperatura di -183° C .
Nella camera di combustione la pressione era di 15 bar e i propellenti dovevano essere iniettati al suo interno con una pressione maggiore.

- Una turbopompa che ruotava a 3.800 giri al minuto aveva il compito di aumentare la pressione del carburante proveniente dal serbatoio a 23 bar e quella dell'ossigeno a 17,5 bar.

La sua turbina da 580 hp era alimentata dal vapore acqueo prodotto da un generatore di gas che utilizzava una miscela di permanganato di sodio e perossido di idrogeno.

La camera di combustione, la cui temperatura raggiungeva i 2.500° C, veniva raffreddata in diversi modi affinché le sue pareti non fondessero.

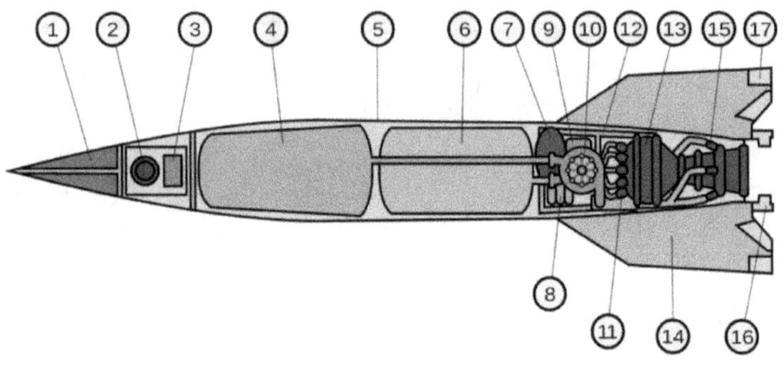

1. Carica esplosiva
2. Sistema giroscopico
3. Guida e radiocomando
4. Serbatoio di etanolo
5. Fusoliera
6. Serbatoio di ossigeno liquido
7. Serbatoio di perossido di idrogeno
8. Bombola di azoto pressurizzato
9. Camera di reazione perossido di idrogeno
10. Turbopompa
11. Etanolo/ossigeno iniettori
12. Telaio motore
13. Camera di combustione
14. Impennaggio (x4)
15. Ugello
16. Deflettori getto in grafite (x4)
17. Timoni esterni (x4)

Dal punto di vista tecnico, si trattava di un razzo a propellente liquido, pesante al lancio 13.500 kg, con:

- Altezza: 14 metri.
- Diametro: 1,65 metri.
- Motore: da 730 hp di alimentazione, 26.000 kgs di spinta al livello del mare.
- Sistema di guida: radio
- Carico esplosivo: circa 1 tonnellata di Amatol o Nippolit.
- Portata: tra il 320 e 360 chilometri.
- Velocità massima: 5.760 km/h.
- Peso a vuoto: 4 tonnellate.
- Peso al decollo: 12 tonnellate.
- Peso del carburante:
    - Ossigeno liquido: 4.910 kg
    - Etanolo: 2.857 kg (75%)
    - Acqua: 953 kg (25%)
- Peso dei liquidi della turbopompa:
    - 0,0076 tonnellate di permanganato di potassio.
    - 0,175 tonnellate di perossido d'idrogeno.
    - Il miscuglio di questi due liquidi produceva un vapore che si mescolava nella camera di combustione all'ossigeno liquido e all'alcool inviati sotto pressione.
- Esplosivo: Tritolo e nitrato di ammonio per complessivi 1.000 kg (Amatol)
- Esemplari: 5.200:
    - Fino al 15 settembre 1944: 1.900
    - 15 settembre - 29 ottobre 1944: 900
    - 30 ottobre - 24 novembre 1944: 600
    - 24 novembre - 15 gennaio 1945: 1.100
    - 16 gennaio - 15 febbraio 1945: 700

All'atto dell'esplosione, la V-2 era in grado di provocare un cratere di 20 metri di larghezza e 8 metri di profondità, con l'espulsione di circa 3.000 tonnellate di materiale in aria.

Aggregat

Aggregat è una famiglia di razzi sviluppati dall'ingegnere tedesco Wernher von Braun e dal suo gruppo di lavoro per la Germania tra il 1933 ed il 1945.
Indicati con la lettera A seguita da un numero progressivo (da 1 a 12), rimasero in gran parte sulla carta.

- Particolarmente famoso è l'A4, che entrò effettivamente in servizio con il nome di V-2.

Le versioni più evolute prevedevano razzi pilotati e missili balistici in grado di raggiungere gli Stati Uniti continentali, ma non furono mai costruiti.

A1

Il razzo A1 fu il primo della serie Aggregat.
Venne progettato nel 1933 da Wernher von Braun nell'ambito di un programma di ricerca della Wehrmacht presso Kummersdorf, sotto la guida di Walter Dornberger.

- Dal punto di vista tecnico, questo razzo era lungo 1,4 metri, con un diametro di 0,3 metri.

Il peso al lancio era di 150 kg, di cui 40 costituiti dal propellente, una miscela di ossigeno liquido e alcool al 75%.
Dal basso verso l'alto la disposizione era la seguente: il motore di spinta da 300 kg fu montato all'interno del serbatoio del carburante di alcol etilico al 75% più acqua al 25% (l'acqua fu usata per mantenere bassa la temperatura di combustione), mentre i progressi nell'indurimento superficiale dell'alluminio avevano permesso di usare questo metallo per la camera di combustione.

- Sopra questa costruzione integrale c'era il serbatoio di ossigeno liquido, sempre in alluminio, ma con un rivestimento interno in fibra di vetro.

Poi, sopra, c'era una sfera di azoto compresso per forzare entrambi i componenti del propellente nel motore.
Tutte e tre queste sezioni erano racchiuse all'interno di un cilindro robusto che era ermetico e consentiva alla pressurizzazione di agire in modo equo sia sul carburante che sull'ossidante.

- Il singolo componente più pesante dell'A-1 era un volano giroscopico da 31,75 kg montato sul muso che doveva essere fatto girare fino a 9.000 giri al minuto da un motore elettrico esterno.

Questo metodo di stabilizzazione era stato suggerito dagli artiglieri di Kummersdorf, parallelamente alle idee basate sulla rotazione dei proiettili quando sparati dai cannoni.

- Il giroscopio avrebbe fornito stabilità "a forza bruta" quando ruotava sull'asse della linea centrale ed era fissato alla struttura del razzo.

Il motore a pressione disegnato da Rudolph doveva fornire 300 kg di spinta per 16 secondi, tuttavia, il prototipo esplose in rampa di lancio e il progetto venne abbandonato perché considerato instabile, e non furono mai effettuati lanci.
Di conseguenza il progetto non ebbe seguito, ma costituì la base del più perfezionato A2.

A2

Il missile A2 fu il primo banco prova volante di quel programma che avrebbe poi portato alla V-2.

Complessivamente, ne furono lanciati due, entrambi nel 1934 (19 e 20 dicembre), che furono chiamati, rispettivamente, con i nomi in codice di Max e Moritz, che raggiunsero rispettivamente 2,2 km (1,4 miglia) e 3,5 km (2,2 miglia) di altezza.

Si trattava di un sistema piuttosto piccolo, poco più lungo dell'A1: 1,61 metri di lunghezza e 0,31 metri di diametro.

- Tuttavia, a differenza dell'A1, i giroscopi di stabilizzazione dell'A2 erano al centro del razzo, tra i serbatoi di alcol e ossigeno, rendendolo più stabile.

Il razzo pesava 72 chilogrammi (159 libbre) a vuoto, con un peso al decollo di 107 chilogrammi (236 libbre), di cui 35 kg di propellente, la medesima miscela di etanolo e ossigeno liquido dell'A1.

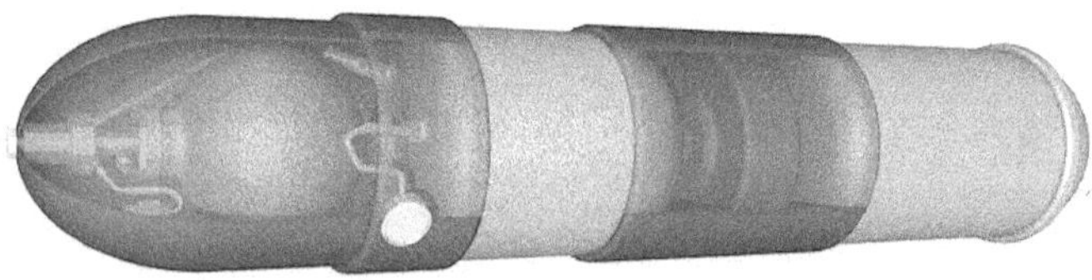

Dal 1936, il gruppo capitanato da von Braun si concentrò sulla costruzione dei successori del razzo A-2, l'A-3 e l'A-4.

A3

L'A3 costituì il primo razzo di grandi dimensioni realizzato da von Braun e dal suo gruppo di lavoro.

Dal punto di vista tecnico, si trattava di un sistema lungo 6,74 metri, con un diametro di 0,67, metri e una larghezza di 0,93 metri.

- Il peso al lancio era di 740 kg e il motore era alimentato dalla solita miscela di etanolo e ossigeno liquido (LOX-alcool), con un tempo di funzionamento di 45 secondi e una spinta di 1.500 kg.

Inoltre, all'interno dei serbatoi di ossigeno liquido, ne era stato montato uno contenente azoto liquido: questo veniva riscaldato elettricamente, producendo in tal modo azoto allo stato gassoso per la pressurizzazione del propellente.

- Questo razzo, inoltre, era equipaggiato con un sistema di guida costituito da tre giroscopi e due accelerometri.

Completava l'equipaggiamento una piccola videocamera posta sul muso del missile.

Ogni missile trasportava strumenti di registrazione per misurare il riscaldamento della superficie tramite attrito o la temperatura e la pressione atmosferica durante una discesa con il paracadute da un’altezza di 20 km.

L'A3, tuttavia, costituì un completo fallimento, visto che non riuscì neanche uno dei quattro i lanci di prova, effettuati tra il 4 e l'11 dicembre 1937:

- Il primo A3 fu lanciato e fece un decollo perfetto, ma a soli 3 secondi, il paracadute si aprì e penzolò nello scarico, venendo gravemente bruciato. Questo evento portò anche il razzo in orizzontale e il motore si spense automaticamente quando si ribaltò troppo a 6,3 secondi da dove girò e cadde sotto i resti del paracadute. Dopo circa venti secondi si schiantò di nuovo sull'isola a soli 300 metri dal sito di lancio, esplodendo violentemente all'impatto.

- Il secondo lancio fu di nuovo un buon decollo, ma di nuovo il paracadute si è aperto a 3 secondi e ha trascinato il razzo lateralmente per una ripetizione quasi esatta del lancio del 4 dicembre. Anche questo si è schiantato a soli 5 metri dalla riva ed è esploso prima di raggiungere il mare.

- Il paracadute fu tolto per il terzo lancio dell'8 dicembre e al suo posto fu messo un razzo di segnalazione. Il vento era più forte rispetto ai tentativi precedenti e il razzo virò rapidamente, raggiungendo solo, circa, 100 metri (330 piedi): il sistema di controllo non è stato in grado di correggere il vento laterale, e, di nuovo il motore si è spento automaticamente e il missile si è schiantato a 2 km dalla costa.

- L'ultimo tentativo dell'11 dicembre è stato quasi identico. Di nuovo il missile è stato sparato con forti venti e, dopo il decollo, si è curvato controvento, il motore si è spento e il missile è caduto in mare dove i propellenti rimanenti sono esplosi. Di nuovo non era stato montato alcun paracadute su questo missile di prova

Secondo un'altra fonte, un A3 avrebbe raggiunto un'autonomia di 12,1 km e un'altitudine di 18 km.
Di conseguenza, quello che avrebbe dovuto costituire un modello in scala ridotta del definitivo e più potente A4, la futura V-2, dovette essere totalmente riprogettato.

Dopo una serie di lanci infruttuosi, l'A3 fu, infatti, abbandonato e riprogettato come A5.

A4

L'A4 fu il primo razzo a propellente liquido a entrare in servizio operativo. Meglio conosciuto con il nome di V-2, fu costruito in circa 6.000 esemplari, e costituì la base per i programmi missilistici statunitense, sovietico e francese.
Il primo lancio fu effettuato il 23 marzo 1942 presso il sito di Peenemünde, con l'ingresso in servizio effettivo a partire dal 1944.

- Il primo volo dell'A4, nel marzo 1942, la vide volare per circa un miglio e schiantarsi in acqua.
- Il secondo missile raggiunse un'altitudine di 11 chilometri prima di esplodere.
- Il terzo lancio, in data 3 ottobre 1942 fu, invece, coronato da un completo successo: il missile A-4 seguì quasi una traiettoria perfetta e si schiantò a 193 km di distanza dalla piattaforma di lancio superando gli 80 km di quota.

Dal punto di vista tecnico, si trattava di un razzo a propellente liquido pesante al lancio 12.805 kg, con:

- Lunghezza: 14 metri.
- Diametro: 1,65 metri.
- Motore :da 730 hp di alimentazione, 26.000 kgs di spinta al livello del mare.
- Carico esplosivo: circa 1 tonnellata di Amatol o Nippolit.
- Portata: tra il 320 e 360 chilometri.
- Velocità approssimativa: 5.000 km/h.
- Peso a vuoto: 4 tonnellate.
- Peso al decollo: 12 tonnellate.
- Peso del carburante:
    - ❖ Ossigeno liquido: 4,7 tonnellate

    - ❖ Alcool: 2,7 tonnellate.
- Peso dei liquidi della turbopompa:
    - 0,0076 tonnellate di permanganato di potassio.
    - 0,175 tonnellate di perossido d'idrogeno.
    - Il miscuglio di questi due liquidi produceva un vapore che si mescolava nella camera di combustione all'ossigeno liquido e all'alcool inviati sotto pressione.

Oltre alla versione "classica", lanciabile da terra, ne furono proposte una per impiego da sommergibile (abbandonata per problemi tecnici nel 1944), una antiaerea (Wasserfall, effettivamente lanciata) e una munita di ali con gittata maggiorata e possibilità di pilotaggio umano (A4b, lanciata in due esemplari, senza equipaggio).

A5

L'A5 era un modello di prova in scala ridotta del razzo A4, che aveva sostituito il precedente modello in scala, l'A3, che non aveva avuto successo.

Volò dal 1938 al 1942 e giocò un ruolo fondamentale nel testare l'aerodinamica e la tecnologia dell'A4.

Aveva lo stesso motore a razzo dell'A3, ma aveva un nuovo sistema di controllo e la sua forma somigliava più da vicino a quella dell'A4.

Ne furono prodotti 70, di cui 25 senza motore o con razzi monopropellente per provare l'aerodinamica lanciandoli da aeroplani.

- Il missile era dotato di un sistema di paracadute per la discesa e poteva galleggiare fino a due ore prima di affondare, consentendone il recupero tramite nave.

Sono state costruite varianti sia senza sistemi di propulsione che con motori monopropellente per i test di lancio in volo.

L'A5 aveva una lunghezza di 5,825 metri, un diametro di 0,78 metri e un peso al decollo di 900 kg.

Come l'A3, veniva alimentato con alcol e ossigeno liquido come ossidante.

Il primo lancio dell'A5 ebbe luogo nell'estate del 1938 a Greifswalder Oie e i primi voli guidati condotti con successo ebbero luogo nell'ottobre 1939, con l'obiettivo di testare i sistemi di controllo previsti per l'A4.

L'A5 ha raggiunto la quota massima di 12 km.

A6

L'A6 era la designazione che diedero gli uomini di von Braun al progetto di un missile pilotato da ricognizione fotografiche che fosse, per le sue caratteristiche in termini di prestazioni, praticamente invulnerabile.

- Dal punto di vista tecnico, lo studio, portato avanti nel 1943, si basava su una versione del banco-prova A5 con il sistema propulsivo costituito da uno statoreattore.

In dettaglio, il progetto prevedeva un razzo con pilota umano lungo 15,75 metri, con un diametro di 6,33 metri, che avrebbe dovuto essere lanciato verticalmente.

Dopo il lancio, era previsto il raggiungimento di una quota massima di 95 km, con il rientro in atmosfera con una velocità di planata supersonica.

Successivamente, sarebbe avvenuta l'accensione del propulsore, il citato statoreattore, che avrebbe dovuto mantenere una velocità di 2.900 km/h per 15-20 minuti: per l'atterraggio, era previsto l'utilizzo di un paracadute, oppure, di un normale aeroporto.

In Germania, tale progetto venne presentato al ministero dell'aria tedesco che però, non avendo la necessità di un velivolo del genere, lo rifiutò.

Lo statoreattore è un motore a reazione e, concettualmente, il più semplice esoreattore.

- Lo statoreattore riduce la complessità del turbogetto semplice eliminando il compressore e, di conseguenza, la turbina che deve trascinarlo, grazie alla velocità stessa del velivolo la quale comprime l'aria entrante nella presa d'aria.

Come conseguenza, lo statoreattore non è in grado di funzionare a punto fisso (cioè fermo rispetto all'aria) e ha cattive prestazioni a basse velocità, a causa del basso rapporto di compressione ricavato dalla presa d'aria.

Nel dopoguerra, tuttavia, sia gli Stati Uniti sia l'Unione Sovietica utilizzarono una configurazione simile, anche se non pilotata, per la realizzazione dei missili da crociera con statoreattore SM-64 Navaho e Burya.

- Il principio di funzionamento dello statoreattore è lo stesso del motore a reazione tradizionale.

L'aria esterna entra in una presa dinamica, o presa d'aria, e viene compressa e miscelata con il combustibile, per passare poi nella camera di combustione e, quindi, venire espulsa dalla parte posteriore attraverso un ugello di scarico, a velocità superiore a quella di entrata.

Quando l'aria entra in questo tipo di motore a reazione, anche se il velivolo procede a velocità supersonica, viene rallentata a

velocità subsonica a causa della particolare geometria dei condotti, conformati per generare un sistema di urti obliqui.
Nell'attraversamento di tali settori del motore, la velocità del flusso diminuisce, solitamente sino a Mach 0,3, mentre aumenta la pressione producendo così, in base al principio di Bernoulli, la cosiddetta compressione dinamica.
Ad alta velocità questo processo può essere molto efficiente e può comprimere abbastanza aria, quindi, sufficiente ossigeno (ossidante o comburente), per permettere una combustione efficace nel motore.

A7

L'A7 avrebbe dovuto costituire un dimostratore di tecnologia in scala ridotta del razzo A9, tuttavia, non venne mai costruito, e i lavori vennero interrotti nel 1940.
Comunque, si sarebbe dovuto trattare di un razzo lungo 5,91 metri, con un diametro di 0,38 metri e un peso di 1.000 kg, con una spinta al decollo di 15 kN.

Il missile A7 era simile nella struttura all'A5, ma aveva alette caudali più grandi, 1,621 m^2, per ottenere una maggiore autonomia di planata. Due modelli non motorizzati dell'A7

furono sganciati da un aereo per testare la stabilità del volo, mentre non sono mai stati effettuati test alimentati.

A8

L'A8 era il progetto relativo a una versione allungata della V-2, che avrebbe dovuto utilizzare propellenti stoccabili, probabilmente acido nitrico e cherosene.
Questo sistema venne sviluppato nel 1941, ma non venne mai iniziata la costruzione di un prototipo o un dimostratore.

Tuttavia, nel dopoguerra, gli studi continuarono a opera dei francesi, relativamente alla cosiddetta Super V-2: si trattava di un IRBM (missile balistico a raggio intermedio, che copre un raggio di 3.000-5.500 km), poi cancellato perché troppo ambizioso, ma che costituì la base per i missili Veronique, Diamant e, alla lontana, per il vettore spaziale Ariane.

A9

L'A9 era il progetto relativo a un aereo a razzo che venne portato avanti nel 1944. Si trattava, in pratica, di una versione con pilota umano e munita di ali della V-2, il cui sviluppo venne, però, vietato dagli alti comandi.
Nonostante questo, però, von Braun continuò a lavorare su questo progetto, che ricevette il nome in codice interno di A4b. Di questo velivolo volarono due esemplari.
Secondo le intenzioni dei progettisti, questo sistema avrebbe avuto un peso al lancio di 16.259 kg, di cui 1.000 di carico utile, con una lunghezza di 14,18 metri e un diametro di 3,2 metri, e sarebbe stato in grado di trasportare il suo carico a 600 km di distanza 17 minuti dopo il lancio.
Un'altra variante dell'A9, senza equipaggio, venne sviluppata per essere utilizzata come secondo stadio sul missile balistico A10.

A10

L'A10 era il progetto relativo a un missile balistico intercontinentale a due stadi, con una gittata stimata nell'ordine dei 5.000 km.
Lo sviluppo di questo sistema d'arma venne avviato nel 1940, con la previsione di un primo volo nel 1946.
Il progetto, tuttavia, venne bloccato per ordini superiori nel 1943, quando si decise di concentrare tutti gli sforzi sulla V-2. Von Braun, comunque, continuò a lavorare al missile, in particolare al secondo stadio (A9), che fu testato con la denominazione di A4b.
Solo alla fine del 1944, Von Braun e il suo team furono autorizzati ufficialmente a riprendere le ricerche su questo sistema d'arma strategico, che ricevette la codifica di Projekt Amerika (Progetto America).
Tuttavia, quest'arma a lungo raggio non ebbe alcuno sviluppo pratico: le uniche prove reali riguardarono due voli dell'A4b, l'ultimo dei quali nel gennaio 1945.

- Secondo i progettisti, l'A10 avrebbe dovuto essere un missile a due stadi con propellente liquido (LOX e alcool), il missile avrebbe dovuto avere un'altezza complessiva di 41 metri, con un diametro di 4,12 metri e un peso al lancio di 85.300 kg (di cui 1.000 di carico bellico): la gittata, come detto in precedenza, avrebbe dovuto raggiungere i 5.000 km

Il nome del missile era dovuto, essenzialmente, a quello dei due stadi, che si chiamavano, appunto, A9 e A10. Di questi due stadi, durante la fase di sviluppo, vennero ipotizzate varie configurazioni.

- A10: si trattava del primo stadio del missile.

Nella sua versione iniziale, avrebbe dovuto avere un motore costituito da un cluster di 6 camere di combustione dell'A4, a propellente liquido (LOX/alcool), con un singolo ugello di scarico.
Successivamente, si decise di utilizzare un propulsore con una singola camera di combustione, di dimensioni maggiori: per i test reali di questo motore, presso l'impianto di Peenemünde, vennero costruiti alcuni banchi prova.
Il motore avrebbe dovuto avere una spinta di 200.000 kgf, e un diametro di 4,12 metri.

- A9: si trattava del secondo stadio del missile, che in parte venne anche sperimentato.
  Nella sua configurazione iniziale, avrebbe dovuto consistere in un normale A4 con due piccole ali al lato. Le sperimentazioni furono effettuate sull'A4b, che in pratica era una V-2 "di serie" con ali e peso maggiorato. Di questa, ne vennero lanciati due esemplari, il 27 dicembre 1944 e il 24 gennaio 1945.
  Il primo test non riuscì: i successivi lanci, nonostante fossero previsti, non vennero, però, mai effettuati a causa del disastroso andamento del conflitto.
  Comunque, la configurazione definitiva dell'A9 prevedeva una sorta di aereo a razzo con pilotaggio umano, caratterizzato da due piccole ali laterali lungo tutta la fusoliera: questa soluzione, infatti, stando ai test condotti in galleria del vento, avrebbe comportato tutta una serie di vantaggi, sia durante il volo in regime supersonico, sia in termini di assemblaggio con il primo stadio.

Uno dei maggiori problemi che si dovette affrontare fu quello relativo al sistema di guida: la grande gittata, infatti, rendeva questo sistema d'arma estremamente impreciso.

Per questa ragione, i progettisti valutarono il ricorso al pilotaggio umano. Secondo il profilo di missione previsto, quindi, l'A9 avrebbe dovuto separarsi dal primo stadio a una quota di 390 km e alla velocità di 3.400 m/s.

Successivamente, avrebbe dovuto iniziare una fase di rientro, dirigendosi verso il suo obiettivo guidato via radio o da sommergibili situati nell'Oceano Atlantico.

Il pilota, una volta inquadrato l'obiettivo, avrebbe dovuto bloccare la rotta del velivolo ed eiettarsi.
Il problema era che si trattava di una manovra molto rischiosa: non solo, infatti, era potenzialmente mortale, ma anche in caso di successo avrebbe comportato la sicura cattura dell'uomo alla guida del missile.
Il progetto finale dell'A10 era alto circa 20 metri (65 piedi). Alimentato da un razzo di spinta da 375.000 lbf (1.670 kN), che bruciava gasolio e acido nitrico, durante i suoi 50 secondi di combustione avrebbe spinto il suo secondo stadio A9 a una velocità di circa 4.300 km/h (2.700 mph) e a un'altitudine di 394 km (245 miglia).

A11

L’A11 era il progetto relativo a un missile a tre stadi, in grado sia di lanciare un satellite artificiale da 500 kg in orbita terrestre bassa, sia di essere usato come missile balistico intercontinentale.
Portato avanti nel 1944, si trattava dell’A10 al quale avrebbe dovuto essere aggiunto uno stadio, l'A11, costituito da un cluster di sei motori dell'A10.
Come nell’A10, l'A11avrebbe dovuto essere munito di ali, in modo da poter essere utilizzato in missioni di bombardamento oppure recuperato successivamente.
L'altezza di questo missile avrebbe dovuto raggiungere i 41,5 metri, con un diametro di 8,1 metri e un peso al lancio di 586.000 kg: l’apogeo stimato era di 300 km.
La gittata, come detto in precedenza, avrebbe dovuto raggiungere i 5.000 km.

A12

Il missile A12 era un vero missile orbitale.
È stato proposto come un quattro stadi, comprendente A12, A11, A10 e A9.
I calcoli hanno mostrato che potrebbe posizionare fino a 10 tonnellate di carico utile nell'orbita terrestre bassa .
L'A12 avrebbe avuto un peso di circa 3.500 tonnellate con i serbatoi pieni e sarebbe stato alto 33 metri: doveva essere alimentato da 50 motori A10, alimentati da ossigeno liquido e alcol.

Siti di lancio

Il 18 dicembre 1942 un piano di distribuzione militare viene elaborato a seguito della decisione di Hitler del 22 novembre che le V-2 dovevano essere preparate e lanciate da installazioni fortificate (bunker).
I primi lavori cominciano alla fine del marzo del 1942 nelle seguenti località:

- Eperlecques: nord della Francia, dipartimento Pas de Calais.
- Wizernes : nord della Francia, dipartimento Pas de Calais.
- Sottevast: nord della Francia, dipartimento della Manica, nella regione della Bassa Normandia.
- Brecourt: l'assalto al maniero di Brécourt fu uno scontro tra paracadutisti statunitensi della 101ª Divisione aerotrasportata contro truppe tedesche posizionate a sud di Utah Beach, durante le prime fasi dello sbarco in Normandia, in piena seconda guerra mondiale.
- Rinxent : nord della Francia, dipartimento Pas de Calais.
- Caumont: nord della Francia, dipartimento del Calvados, nella regione della Bassa Normandia.
- Dieppedalle: nord della Francia, dipartimento della Senna Marittima, nella regione dell'Alta Normandia.

A seguito delle numerose operazioni di bombardamento, questi siti furono in seguito abbandonati, nonostante le nuove tecniche di costruzione con un sensibile aumento della loro protezione, optando per siti di lancio mobili sparsi per la regione.
Questo nuovo tipo di modalità di lancio si era imposta all'inizio del 1944 a seguito dei numerosi bombardamenti aerei.

Nei dipartimenti del Nord e del Pas de Calais furono allestiti 23

siti di lancio per le V-2 nelle foreste e talvolta nei parchi di alcuni castelli, ben al riparo da sguardi indiscreti.
Ogni sito di lancio era composta da due a tre aree di lancio: queste costruzioni avevano la forma di semplici piattaforme di calcestruzzo di 20 metri per 11 metri difficilmente identificabili.
Su 6.500 unità prodotte di V-2 dall'industria tedesca, 3.170 furono lanciate su obiettivi:

- 1.664 sul Belgio (1.610 su Anversa, 27 su Lüttich, 13 su Hasselt, 9 su Tournai, 3 su Mons, 2 su Dienst).
- 1.403 sull'Inghilterra (1.359 su Londra, 43 su Norwich, 1 su Ipswich).
- 73 sulla Francia (25 su Lille, 19 su Parigi, 19 su Tourcoing, 6 su Arras, 4 su Cambrai).
- 19 sull'Olanda (su Maastricht).
- 11 sulla Germania (obiettivo il ponte di Remagen sul Reno, preso intatto dalle truppo americane nel 1945).

Le V-2, nel dopoguerra, sono diventate la base di partenza per la realizzazione di tutte le grandi famiglie di missili balistici sviluppate in Unione Sovietica, in Gran Bretagna, in Francia e negli Stati Uniti, dove von Braun, nonostante il suo "discusso" passato, divenne il padre del programma spaziale americano.

V-2 e sommergibili

Allo scopo di lanciare le V-2 sul territorio americano, venne previsto di rivolgersi alla Kriegsmarine, ma la cosa non era tanto semplice perché, dopotutto, il missile A-4/V-2 era un programma dell'esercito.

Tuttavia, l'Oberkommando voleva questa soluzione e nel dicembre 1944 superò ogni resistenza delle Forze Armate tedesche e l'11 di quel mese costituì a Peenemunde il Comitato di studio per realizzare un progetto difficilissimo:

- Trasportare e lanciare dal mare un missile A-4, che era già difficile e pericoloso tirare da terra in condizioni standard.

Si interessarono al progetto il Dr. Dikmann dei cantieri Vulcan, l'ing. Riedel, il Gen. Rosmann e il gruppo venne chiamato Elektro Mechanishe Werke Karlshagen.

- Alla fine della progettazione, si arrivò a un contenitore a forma di sommergibile pesante 500 tonnellate e lungo 45 metri.

Con superfici di controllo cruciformi e ogiva apribile in due sezioni al momento della necessità, aveva dentro il missile nella parte anteriore, sotto c'era il serbatoio di alcol etilico e sotto ancora, l’ossigeno liquido e il perossido d'idrogeno, incluse le pompe di assetto e le casse di zavorra.

- Il tutto era comandato via cavo, lo stesso che rendeva il contenitore trainato dal sommergibile.

Per il lancio, il sistema doveva diventare verticale, con inclinazione al massimo di 1,5 gradi: il missile non era certo possibile da portare già caricato e pronto al lancio, era già un progresso che vi fosse la testata pronta.

Approntato il contenitore, il personale lasciava la "rampa galleggiante" con un canotto, e poi il missile, al momento del lancio, rompeva delle paratie laterali frangibili per i gas di scarico.

Il contenitore non era a perdere: ogni U-Boot, probabilmente del tipo Type XXI o IX, doveva portarne al traino due e tirare per 300 km, ma dopo il lancio i contenitori potevano venire zavorrati e trainati alla base, oppure, affidati a sommergibili da rifornimento, così da rendere possibile l'uso dell'U-Boot in compiti "normali".

Dopo di allora, i cantieri Vulkan di Stettino erano stati lesti a consegnare il prototipo e a lanciare la produzione in serie.

- Il primo e unico lancio venne effettuato dopo il 25 marzo, giorno della consegna, nel Mar Baltico, in vicinanza di Peenemunde.

Pare che fu un successo, e venne programmata la costruzione di 60 lanciatori che avrebbero consentito di portare 500 V-2 al mese verso gli Stati Uniti.

Questo avrebbe richiesto l'utilizzo di ciascun lanciatore per almeno due volte alla settimana, e 250-500 missioni al mese verso gli USA: considerando le perdite dei sommergibili tedeschi, è difficile che questi risultati avrebbero potuto anche solo essere avvicinati.

- Del resto, la campagna di tiro delle ben più semplici V-1 era prevista in 3.000 armi al giorno, quando il massimo fu di 316.

Era tutto molto ambizioso.

Di fatto, i problemi sarebbero stati elevatissimi: navigare con uno o due contenitori del genere in mezzo all'Atlantico, in emersione o in immersione (le casse di compenso di questi 'sommergibili filoguidati' consentivano anche il moto sott'acqua)

sarebbe stata un'impresa difficilissima di suo, anche senza considerare i problemi tecnici delle V2.
In condizioni di tempesta sarebbe stato difficile ottenere le condizioni per un lancio preciso, dato che già da terra, sapendo con precisione da dove si tirava, l'errore era di qualche km.
A 300 km, e in mare, non c'era modo di conoscere con assoluta precisione la propria posizione: il tutto, poi, non considerava che gli Stati Uniti nel 1945 erano abbastanza pericolosi per gli U-Boot anche quando si trattava di operare in Europa.
Una navigazione lenta e faticosa verso New York avrebbe dovuto mettere in conto dell'impiego profuso dall'USN. Sostare ore fermi davanti alle coste americane sarebbe stato infine estremamente pericoloso, i tempi "facili" dei primi del 1942 erano passati da molto tempo.
La differenza tra questa soluzione, sia pure tecnicamente accettabile, e quanto venne realizzato poi è indicativa, basti pensare ai sottomarini tipo "Golf" e "Hotel" russi con i missili derivati dalle V-2. Ma questi sottomarini avevano i missili integrati al loro interno, in piattaforme grandi e stabili.

- Forse per le V-2 sarebbero stati molto utili, piuttosto, i sommergibili di grandi dimensioni come gli I-401 giapponesi, più che sufficienti allo scopo.

Certamente, se una di queste azioni fosse riuscita, sarebbe stato un colpo propagandistico di notevole importanza per la Germania. Ma nel marzo del 1945 gli Americani stavano passando il Reno e al Terzo Reich restavano solo poche settimane di vita, mentre il carburante scarseggiava per ogni branca delle Forze armate.
Eventualmente, se la Germania avesse potuto lanciare una V-2 nucleare, la cosa avrebbe potuto incidere in qualche modo sul destino della nazione: piuttosto, è difficile capire perché le ben più semplici V-1 non siano state prese in considerazione per il lancio da un grosso sommergibile.

Questo in fondo fu fatto, nel dopoguerra, con un programma americano che riguardava le Loon, copia del V-1, che poi vennero sviluppate fino ad arrivare al potente missile Regulus I e II (supersonico). Basti pensare ai sommergibili con vari idrovolanti e le relative ingombranti sistemazioni.

Tuttavia, non pare che le V-1 siano mai state considerate, forse per la loro vulnerabilità, come armi sublanciate.

L'Operazione Backfire

Se gli Americani avevano messo le mani sulle V-2 e altre tecnologie avanzate con il progetto 'Paperclip', iniziato il 19 luglio 1945 con l'ingaggio di numerosi tecnici tedeschi, gli inglesi, che subirono più di chiunque altro gli attacchi missilistici, furono ben lesti a fare lo stesso, e per giunta precedettero gli americani, il cui primo lancio di una V-2 a White Sands del 16 aprile 1946 fu oltretutto un fallimento. Invece gli inglesi, con una notevole scaltrezza, e anche una buona dose di fortuna, riuscirono a lanciare da Cuxhaven ben 3 missili: questo nonostante che il 30 maggio ben 14 tonnellate di documenti tedeschi vennero portati da Anversa negli Stati Uniti: erano il tesoro reperito in una miniera di Dornten, dove, tuttavia, rimasero davvero per poco tempo.
Assieme a queste si portarono via grossomodo l'equivalente di 400 carri ferroviari con quanto bastava per assemblare circa 100 V-2. Ma tra i Sovietici e gli Americani, in corsa per accaparrarsi quanto restava della tecnologia tedesca e dei relativi tecnici e scienziati, il terzo competitore poté godersela, almeno per il momento.
Il 21° Gruppo dell'Esercito reperì personale in Olanda e Germania Ovest per ricostruire una batteria di lancio per missili V-2, e, prima ancora che il 2 maggio 1945 von Braun si consegnasse agli americani, gli inglesi avevano avuto inizio, grazie all'idea del comandante J.C.Bernard.
L'Operazione Backfire, così chiamata secondo l'idea del Colonnello Carter, riuscì già entro il 20 maggio a trovare 30 mezzi per allestire una vera unità di lancio.
I Britannici pensavano di disporre presto di una trentina di missili, ma non sapevano che le V-2 erano materiali “deperibili” che andavano lanciati entro una settimana per non finire con i componenti interni fuori uso per un minimo d'umidità o di altri

problemi causati dall'ambiente.

- Anzi, era meglio se si lanciava entro tre giorni per ridurre i malfunzionamenti a solo il 4% anziché il 20%, come inizialmente accadeva contro la Gran Bretagna.

Alla fine si decise che Cuxhaven era adatta per il lancio sperimentale di queste armi, da ridurre in gittata a 240 km anziché 320 per non rischiare di colpire la Danimarca.
Ma il 26 maggio ci si rese conto ufficialmente che le V-2 reperite non erano in condizioni tali da assicurare la campagna di tiri prevista, con grande scorno degli Inglesi che ebbero tale idea. In effetti, l'era dei missili garantiti per dieci anni senza manutenzione (o quasi) e degli ICBM capaci di restare in allerta anche per anni consecutivi, era ancora ben lontana.
Le fabbriche superstiti erano per lo più all'Est per sottrarle alle bombe Alleate e questo significa che, nonostante gli spostamenti al Sud effettuati verso la fine della guerra, oramai erano in mano sovietica.
Si cercò per sei settimane tutte le piccole ditte che erano subfornitrici dei 30.000 componenti della V-2, nonostante tutto visto che non c'erano nemmeno abbastanza manuali e quelli presenti non concordavano tra loro, visto che i lotti produttivi delle V-2 non erano necessariamente compatibili.
Nonostante tutte le difficoltà, alla fine arrivarono 400 camion e 640 tonnellate di utensili, nonché i disegni costruttivi.

- Nonostante tutte le difficoltà, i Tedeschi, meravigliando gli Alleati, avevano eseguito tiri fino al marzo 1945, ma adesso non c'era modo di disporre di sufficienti sottosistemi per assemblare qualche V-2.

Molti componenti, come le pale di grafite per i deflettori di getto erano stati sabotati, persino l'ultima V-2 di Peenemunde venne fatta saltare sulla sua rampa il 27 febbraio 1945, quando von Braun vi mise piede per l'ultima volta.

Alla fine, però, c'erano a Cuxhaven 2.500 inglesi e quasi 4.000 tedeschi, tra cui persone dello staff di von Braun.
Bisognava procurarsi molte cose, bisognava fidarsi dei Tedeschi alla cui testa venne messo il col. Weber.

- Si costruì un'officina lunga 90 metri e, infine, si trovò un impianto per la produzione di ossigeno liquido, di cui servivano 5 tonnellate per il lancio di una V-2, ma in realtà ne occorrevano 9 per compensare le perdite.

C'era bisogno di alcol puro almeno al 93%, che giunse da Nordhausen, e così via. Il 2 ottobre vennero scoperte ben 12 V-2 di cui 8 quasi in perfette condizioni.
Ora vennero assemblati davvero tutti i 'pezzi': con pochi mezzi, battendo sul tempo gli Americani e i Sovietici, gli Inglesi passarono ai primi tiri postbellici.
Si tentò di lanciare le V-2 già il 2 ottobre, ma non successe nulla. Ma il 3 ottobre, alle 14.43, la V-2 partì davvero.
Si inarcò nel cielo e in appena 4 minuti e 50 secondi arrivò a colpire un punto con uno scarto di 2,4 km a sinistra e corta di 1,6 km circa, meglio, comunque, di un proiettile d'artiglieria equivalente in gittata.

- Poi fu la volta di una V-2 il 4 ottobre, che, però, percorse solo 24 km in 35 secondi, e, infine, il 15 ottobre 1945 un altro missile venne tirato, stavolta con un folto stuolo di ospiti Alleati, e, per il sollievo degli Inglesi, e nonostante un vento di ben 43 km/h, il lancio funzionò perfettamente.

La missione era conclusa e, a partire dal 20 ottobre, quando il personale venne rilasciato, solo venti accettarono di continuare a lavorare con gli Inglesi.
Dunque, questa specie di "circo" si sciolse senza ulteriori conseguenze, se non un documentario di 40 minuti, 5 volumi consegnati nel gennaio 1947 al Ministero della Guerra, e vari materiali messi nei musei.

Gli Inglesi non ebbero altre conseguenze.

Pagavano molto meno degli Americani e dei Sovietici, e forse anche questo contò.

La missilistica inglese ebbe, nonostante questa assenza di apporto tedesco, ugualmente uno sviluppo molto interessante, con progetti originali e slegati da quanto si produceva nel resto del mondo. Ma partì in ritardo, anche per via che, pur essendo stati i primi a far funzionare una V-2 nel dopoguerra, non ottennero conseguenze durature per la loro tecnologia: un estemporaneo e clamoroso successo, che, tuttavia, nell'impoverita Gran Bretagna non si seppe o non si volle concretizzare.

Le V-2 in Unione Sovietica

I Sovietici entrarono a Peenemunde il 5 maggio 1945, mettendo le mani sul “Santo Graal” della ricerca avanzata dell'epoca.
Ma non trovarono molto di interessante, allorché il centro, difeso fino all'ultimo dalle SS, era oramai spogliato di molte delle sue risorse, come il radar Wurzuburg Riese, la galleria del vento supersonica da mach 4,4 costruita da Rudolph Hermman (mandata in Baviera, a Kochel).

- Inoltre, i banchi di prova erano stati quasi tutti danneggiati, inclusi quelli per i missili Wasserfall e per i più piccoli SAM del tipo Taifun.

Il Banco 1 ancora presente, era quello a cui venne collegato nella primavera il motore a razzo da 25 tonnellate di spinta, poi portate a 27 anche se 1,3 “mangiate” dai pannelli direzionali di grafite
Non era solo per l'avanzata dei Sovietici che ci si spostò verso il Sud della Germania, ma anche per la paura di altre incursioni, come quella del 17-18 agosto 1943 della RAF, pagata cara in verità, che distrusse molte infrastrutture, uccidendo 735 persone di cui oltre 600 erano prigionieri di guerra ridotti a lavoratori coatti.

- Morì, nell'occasione, anche il Dr. Thiel, ovvero il progettista del motore del C-1 Wasserfall e dell'A-4 (la V-2).

Non solo, questi era anche il progettista di un mostruoso motore destinato a un missile balistico intercontinentale chiamato A-9 o A-1: infatti, lo stesso banco 1, era capace di sopportare oltre 200 tonnellate di spinta e questo motore arrivava, almeno progettualmente, a 180.

Era difficile rimettere tutti i pezzi al loro posto, adesso.
Ad esempio, le V-2 erano costruite sulla base di 6.450 disegni costruttivi, avevano 30.000 componenti varie, ma molti macchinari erano stati portati nella fabbrica sotterranea di 111.000 m^2 in Turingia a 260 km di distanza.
I banchi di prova erano necessari anche per i motori delle V-2, che dovevano dimostrare di funzionare almeno 65 secondi correttamente, serviti da un impianto che utilizzava qualcosa come 115 kg di ossigeno liquido al minuto.
Ma di tutto questo non restava molto, come anche dei 4.325 tecnici e 760 impiegati ancora presenti a febbraio, con grande scorno del Col. Vavilov che guidò le truppe che giunsero a Peenemunde.
Il fatto è che von Braun si era deciso a optare per muoversi verso Ovest e i Tedeschi non vollero lasciare a Peenemunde materiali e uomini di valore, iniziando la migrazione per la Turingia il 17 febbraio 1945, con un treno di 525 persone.

- Insomma, i Sovietici rimasero inizialmente con le pive nel sacco: gli Americani trovarono, invece, ben 250 V-2 alla Mittelwerk.

Ma era zona assegnata all'Unione Sovietica, per cui avrebbero dovuto essere “sue”: invece, gli Americani in nove giorni fecero sparire 640 tonnellate di materiali in 300 carri ferroviari tra cui 510.101 disegni e 3.500 rapporti.

- Il 2 maggio von Braun era in Baviera con i suoi tecnici migliori e le loro famiglie, pronto a consegnarsi agli Americani.

Novanta di loro in realtà andarono in Francia e divennero la colonna portante della missilistica francese fino all'Ariane 4.
Ma non era tutto perduto, perché delle 2.000 V-2 disponibili alla fine di marzo 1945, circa la metà erano nelle zone tedesche che erano sotto controllo Sovietico.

Pertanto, 515 V-2 vennero mandate subito in Russia, ma vi furono tanti di quei problemi quanto ad affidabilità, che dovettero essere praticamente ricostruite.

- Non c'è da meravigliarsi, perché già i motori avevano 500 sottosistemi e 1.800 elementi, e sopratutto l'economia con cui le V-2 venivano costruite era tale da doverle lanciare con una vera data di scadenza: entro i sette giorni dal completamento.

Per via di valvole, giroscopi e resistenze elettriche, fino al 20% delle V-2 consegnate ai reparti dovettero essere restituite per la "rilavorazione alla Mittelwerk", o per essere usate come parti di ricambio per quelle nuove.
Come se non bastasse, le V-2 catturate erano, in genere, sabotate, come, ad esempio, i giroscopi e i deflettori di getto in grafite: infine, la ruggine era un problema ulteriore in quei mesi di giacenza.
I Sovietici raggiunsero la base sotterranea di Nordhausen solo il 5 luglio, anche qui trovandola saccheggiata dagli Americani.
Se non altro, i macchinari produttivi non mancavano, anche perché il ritmo di costruzione era arrivato a 500 unità al mese in gennaio, ma di missili operativi non c'era quasi nulla di utilizzabile.

- Toakaev, uno dei maggiori esperti di missilistica russi, era piuttosto depresso anche se pensava di organizzare in Germania un gruppo di lavoro per ricostruire la V-2 con tanto di tecnici tedeschi coatti o volontari ancora disponibili.

Ora il problema era che a Ovest c'erano già molti "clienti" della tecnologia Tedesca: l'ultima V-2 venne tirata su Londra non dopo il 28 marzo 1945, ma a ottobre tre V-2 inglesi vennero tirate da Cuxhaven tanto per valutarne la balistica.

In verità, c'era poco da valutare dato che nei 200 giorni di bombardamento su Londra erano piovute 3.065 V-2, con un errore sul bersaglio del 2,5%, che peraltro significava circa 7 km alla massima gittata.
Soprattutto, l'affidabilità si era dimostrata eccezionale, con oltre il 90% dei lanci riusciti, anche se spesso i missili esplodevano al rientro con l'atmosfera nonostante tutti i tentativi di coibentare bene la testata.
Ci volle un duro lavoro, invece, per i Sovietici e il 18 ottobre 1947, oltre 2 anni dopo, lanciarono finalmente una V-2 da Volgograd e, grazie soltanto al "Collettivo degli specialisti" tedeschi, volontari o meno che fossero.

- La versione migliorata, la R-1, attese fino al 18 ottobre 1948.

Tra i protagonisti della nascita della missilistica sovietica c'era anche il Colonnello Valentin Glunsko Korolev, sopravvissuto alle "purghe staliniane" che lo colpirono, ma riabilitato grazie al KGB che apprezzò le sue doti di progettista, e che parlava bene il tedesco. Era un vantaggio notevole, perché non doveva aspettare la traduzione dei documenti, mentre poteva parlare o interrogare direttamente gli scienziati e i tecnici tedeschi.
Non sarebbe stato facile nemmeno così, con Stalin che voleva il ripristino dei disegni e la creazione di una linea produttiva in Germania.
Così, sotto la minaccia non troppo velata di finire in un gulag, i tre sovietici si misero all'opera istituendo il RABE a Berlino, alle dipendenze del Generale Kutsentsov.
Servivano persone qualificate per il programma di clonazione delle V-2 e tra queste il migliore fu di certo Helmu Grottrup, esperto di elettronica e sistemi di guida, pagato con 5.000 marchi mensili se avesse accettato l'incarico, quattro volte quanto prendeva von Braun con gli Americani.

E, infatti, vi furono concrete speranze che questi potesse cambiare casacca, il che avrebbe cambiato anche la storia.
Ma non si verificò quanto i Sovietici speravano.
Questo scienziato, inoltre, era molto bravo anche nella struttura di lavoro "piramidale" sperimentata a Peenemunde, con un referente finale e tanti superspecialisti per realizzare i componenti: era così che von Braun si presentò agli americani, con 118 tecnici e il direttore dei lanci Kurt Debus.
In poco tempo Grottrup rimpiazzò il primo non eccelso direttore Dr. Rosemplenter al RABE e portando, a furia di ingaggi, il personale da 30 a 5.000 persone in appena un anno.

- Alla fine, 30 nuove V-2 vennero spedite in Russia, e molti centri vennero creati per compiti specializzati, come il Werk II per i motori delle V-2.

Infine, arrivò un ordine sovietico per un treno sperimentale da 80-100 vagoni, per eseguire il lancio sperimentale delle V-2, anche se ufficialmente era solo un "treno meteorologico mobile".
Non vi saranno, però, mai più lanci di V-2 dalla Germania.
A Lehesten continuarono i test, dove Glushko aveva prodotto già nel settembre un motore di elevata potenza: poi, nell'estate del 1946, iniziarono richieste di miglioramento tecnico per una maggiore gittata. La segretezza dei lavori era tale che per anni persino la costruzione del missile R-7 (SS-6) rimase incerta, tanto che ancora alla fine degli anni '50 si pensava fossero muniti di soli 5 motori R-14 da 120 tonnellate di spinta, motori mai esistiti in tale forma.
Tra le modifiche apportate, c'era quella di rendere sganciabile la testata con bulloni esplosivi per aumentare la gittata, una specie di missile a due stadi: in realtà, erano vecchie idee per i missili già sperimentati verso la fine della guerra, dotati di tali caratteristiche.

Il fatto è che il 13 maggio 1946 Stalin aveva fatto nascere la Commissione di Stato per lo studio dei razzi a lunga gittata o PKRDD.
Questa aveva prontamente definito vari OKB, come l'OKB-456 MAP di Glushko, per gli endoreattori, e vari istituti come il NII-88 MW per i razzi balistici di Korolev, il NII-885 MPSS per i sistemi di guida e altri ancora, incluso il Concilio dei Progettisti, che raggruppava le varie branche di guida, propulsione e sistemi di lancio.

- Korolev avrebbe poi fatto confluire sul suo OKB, dal 1954 divenuto l'OKB-1, tutte le esperienze e i progressi degli altri centri e OKB.

C'erano anche le officine Zadov 88 e 456, a cui vennero spedite prontamente i missili e i componenti prodotti alla Zentralwerke e nelle sue sussidiarie tedesche: in tal modo, il lavoro dei 7.000 impiegati della Germania Est veniva "girato" ai Sovietici, per depistare gli americani sull'origine di tali progressi.
I primi missili migliorati furono l'R-1 con sistema propulsore migliorato leggermente, nota come SS-1 Scunner per la NATO, e l'R-2, che avrebbe avuto il doppio della gittata originale, noto come SS-2 Sibling.
Va da sé che a questo punto, per valorizzare missili, comunque costosi e imprecisi, era necessario disporre di una testata atomica: ma anche questa era in arrivo.
Intanto, Stalin volle concentrare tutto il lavoro nel territorio Sovietico e il 22 ottobre venne ordinato a 2.500 tedeschi, tra cui Grottrup, di lasciare la Germania (lui che proprio per non lasciarla aveva accettato l'ingaggio sovietico) e ritrovarsi smistati in varie località e fabbriche. Alla fine però si ritrovarono per lo più raggruppati a Gorodomljia.
Tra i loro compiti ve ne furono di bizzarri, come verificare la possibilità di un "bombardiere antipolare", come ipotizzato da Sanders, con un motore da 100 tonnellate di spinta che era stato

parzialmente realizzato durante la guerra.
Una specie di Space Shuttle ante litteram, che doveva andare in orbita e poi eseguire bombardamenti sul territorio nemico.
Grazie a loro nacquero anche le versioni migliorate dei motori dell'A-4/V2:

- L'RD-100, con gli scarichi maggiormente divergenti per aumentare la spinta erogata.
- L'RD-101 con pressione superiore del 40% e usato per l'R-2.
- L'RD-103 con pressione di scarico aumentata del 60% e usato per l'R-5 o SS-3 Shyster, da 1.200 km, mentre l'RD-102 fu una tappa intermedia che non venne mai realizzata.

Vennero poi studiati altri tipi di armi, come il G-1 da 600 km di gittata, chiamato R-4 o R-10 dai Sovietici, che aveva serbatoi autoportanti (ovvero pressurizzati a 2 atmosfere, il che rendeva la struttura del missile più leggera, sia pure con aumento dello spessore da 1,5 a 4 mm), tanto che venne poi esteso il raggio a 810 km, mentre i sistemi di guida vennero spostati sotto i serbatoi.
La testata era rivestita in legno ma resa ininfiammabile con un appropriato processo chimico: tuttavia, rimase sulla carta, ma era un prototipo interessante.
Nel 1947 venne formato il primo cosmodromo sovietico, chiamato Stazione Volgograd, che precedette di circa 8 anni Baikonur.
Molte delle attrezzature erano sui due treni speciali tedeschi, l'FMS-1 e 2, di cui si è parlato prima.
Grottrup e altri tecnici vennero mandati là e il 18 ottobre, alle 10,47 poterono eseguire il lancio dei missili con una V-2 modello T (telemetrica) che venne lanciata a oltre 206 km, anche se il secondo lancio, due giorni dopo, vide l'arma fermarsi a 152 metri di quota per poi ricadere, suscitando accuse di

sabotaggio.
Seguiranno altre prove e poi i Tedeschi ripartirono per Gorodomljia.
Nel 1948 venne iniziato il progetto di un missile da ben 2.500 km con testata da 1.000 kg, che era chiamato G-2 dai Tedeschi e R-12 o R-6 dai sovietici.
C'era la necessità di un progetto nuovo e con motori da 100 tonnellate di spinta: il progetto era interessante, ma venne superato dal G-4 per 3.000 km e 3 tonnellate di spinta, richiesto il 9 aprile 1949 dal Ministro Ustinov.
La ragione era la possibilità di trasportare l'atomica sovietica in tutta l'Europa, e, infatti, il 29 agosto di quell'anno la prima "atomica" venne fatta brillare.
Così, venne studiato questo missile ma nemmeno questo ebbe lunga vita: prevedeva uno stadio singolo alto 23,65 metri con diametro alla base di 2,74 metri, peso di 70 tonnellate a pieno carico e appena 6.160 a vuoto, con un motore da 101 tonnellate di spinta.

- Disponeva di una testata protetta da 400 kg di acciaio e (internamente) legno, motore a 60 atmosfere di pressione, senza generatore di gas ma con alimentazione delle turbine con il gas di combustione.

Il 21 settembre 1949 venne tirato il primo R-2 con motore RD-101 da 37 tonnellate: i sovietici presero, nel frattempo, i disegni e il materiale prodotto dai Tedeschi, che speravano finalmente di fare qualcosa di più che i consulenti per aumentare la fama degli scienziati locali, come Korolev.
C'erano anche altri progetti, come l'R-3 da 4.000 km di gittata, e poi, da migliorare, come l'R-3A, antenato dell'R-7 intercontinentale: questo era opera di Glunshko, con un motore da 7.000 kgs e ugelli conici sostituiti dai più complessi divergenti, che guadagnavano circa il 3% della spinta.

Altre idee vennero riprese forse dai motori da 8.000 kgs del Wasserfall antiaereo.
Infine, vennero pensati dei razzi vernieri da 3.000 kgs, che erano un'alternativa ai ben più complessi ugelli con struttura cardanica.
Infine, i Tedeschi, dal 21 marzo 1951 al 30 novembre 1953 vennero rimandati in Germania, dopo che avevano di fatto aiutato a far nascere una classe di tecnici sovietici a cui avevano fatto da istruttori.

- Nel frattempo, venne lanciato l'R-5, missile che era l'estrema evoluzione della tecnologia della V-2.

Nella versione R-5M, quest'arma da 20,74 metri arrivava a 1.200 km e poteva colpire con una piccola testata nucleare, il che lo rese piuttosto temibile per gli Occidentali.
Venne prodotto in piccola serie nel 1956, ed era il contraltare, ma con molta maggiore gittata, dell'americano Redstone, pure esso ricavato dalla tecnologia V-2.

- Infine, i razzi sovietici "figli" delle V-2 e dei loro tecnici vennero convertiti in ordigni geofisici o per lanci di ricognizione atmosferica ad alta quota.

Erano ordigni realizzati già dal 1949 e designati con V-1 come sigla base e varie sottoversioni, alti fino a 18 metri, con attrezzature scientifiche: già il primo arrivò a 110 km il 24 maggio 1949.
Nel 1955, un V-1E sollevò a 100 km un carico di 1,8 tonnellate, inclusi cani, conigli, topi: poi fu la volta degli R-2 convertiti in V-2 (certo non quelle originali), sempre con contenitori laterali che avevano attrezzature da far cadere con il paracadute o con testate munite di speciali freni aerodinamici.
Uno di essi, il 16 maggio 1957, arrivò a 200 km con sistemi di riprese cinematografiche e apparati di analisi chimica.

I cani furono lanciati in massa: almeno 100 coppie nel 1955-60 e il missile R-5 usato dal 1957, portò a ben 480 km di altezza il suo carico di 1.350 kg e due cani.
Era alto più degli altri, ben 23,74 metri.

- Insomma, i sovietici realizzarono la loro prima generazione di missili balistici grazie agli sforzi e al contributo dei vari Peenemundiani, ma non gli attribuirono mai alcun merito, cosa che non mancò di far arrabbiare gli scienziati tedeschi.

Nel 1958 Grottrup presentò così al DGRR tedesco (una società per il volo spaziale) un memoriale che raccontava il lavoro svolto per anni in Unione Sovietica, almeno per ristabilire la verità storica.

La V-2 e la nascita della missilistica francese

Fu proprio la Francia che ebbe il dubbio onore di ritrovarsi bersagliata dai primi missili balistici A-4 che siano mai stati lanciati in guerra.

- Di trattava dell'Operazione Pinguino, che ebbe come comandante Hans Krammler.

C'erano tre battaglioni con ben 6.300 soldati e 1.600 mezzi, con il 485° Battaglione a Nord, e a Sud l'836° e il 444° delle SS.
L'Obiettivo era essenzialmente Londra, ma poi venne anche aggiunta Parigi, liberata alla fine di agosto.
Si tentò di tirare due V-2 il 6 settembre, che però non funzionarono per difetti dei sistemi di accensione o di alimentazione, ma l'8 settembre, alle 8.34, dopo 4 minuti di volo, un missile del 444° ebbe successo, sia pure lanciato da 290 km.

- Parigi, comunque, non venne particolarmente tartassata, visto che al massimo ebbe lanci per 22 V-2, che sbagliarono l'obiettivo anche di 70 km.

Forse non c'era la volontà di colpirla, cosa che non mancò certo per Londra e Anversa, centrate nel contempo da 350 ordigni, cominciando dallo stesso giorno con un tiro vicino alla Waterloo Station, dovuto all'attività del 485° Battaglione.
Inizialmente, gli Inglesi fecero credere che si trattava di fughe di gas, ma poi dovettero ammettere che c'erano armi inintercettabili che raggiungevano la loro capitale: Henry Moureu, direttore del laboratorio Statale di ricerche di Parigi, capì ben presto che queste armi erano il futuro e la Francia non poteva restarne fuori.

Il Ministero dell'Aviazione la pensava allo stesso modo e dal 9 maggio 1945 gli diede mandato di recuperare tutto il possibile, assieme al tecnico J. J. Barré, che aveva collaudato l'EA 1941, il primo endoreattore a propellenti liquidi francese, da circa 1.000 kgs, il 17 marzo di quell'anno.

- Si volevano reperire almeno le V-1 e una decina di V-2: le prime vennero accordate dagli Angloamericani, tanto che la Nord Aviation le usò come base per l'aerobersaglio CT-10, che era in pratica un loro clone con un pulsogetto Arsenal.

Ma per le V-2 le cose si misero meno bene, e l'unica cosa che assomigliasse alla pretesa di avere delle V-2 fu di rovistare a Cuxhaven, dove i Britannici molto lestamente si erano messi a collaudare, sia pure senza esiti successivi, le V-2.
Ma non c'erano certo molti materiali utilizzabili e i Francesi dovettero arrangiarsi con quel poco che riuscirono a raggranellare, sopratutto con l'aiuto della DEFA (Direzione Studi e Produzione Armamenti), che tra l'altro avrebbe dato presto corpo al cannone DEFA omonimo da 30 mm, ricavato dalla tecnologia tedesca dei cannoni revolver.
Il 4 novembre 1945 nacque il CEPA, ovvero il centro studi armi autopropulse.

- I suoi compiti erano due: ricostruire le armi tedesche avanzate, e migliorarle in gittata e carico bellico: i tecnici furono reperiti a Cuxhaven e a Trauen per un totale di 90 assunti al 15 maggio 1946.

Il 17 maggio venne proposta la costruzione di un centro che poi è diventato la sede del SEP, il produttore degli Ariane, a Vernon, una località della Normandia.
I tecnici tedeschi vennero inizialmente usati suddivisi in due gruppi, per studiare i sistemi di guida e quelli motori, ma vi fu anche un piccolo distaccamento per realizzare motori per carri

armati da 1.000 hp, essendo questi tecnici della Maybach.
Tra le innovazioni studiate, c'era quella di un generatore di gas brevettato già nel 1942 dall'ing. Bringer, che all'epoca lavorava con Thiel: era un sistema in cui i propellenti bruciavano a 3.000 gradi in una camera di combustione, temperatura che poi veniva ridotta a 600 gradi con acqua distillata, il che serviva a pressurizzare, con i gas prodotti, i serbatoi, eliminando le grosse e pesanti turbopompe.

- Questo da solo era sufficiente per aumentare il raggio a 550 km di una V-2, ma si voleva anche un motore da 40 tonnellate di spinta.

Intanto, il generatore di gas di questo tipo, in molte varianti, verrà usato fino ai razzi Ariane 4: poi i Francesi, mentre cercavano di ricostruire le V-2 nelle officine di Poteaux, pensavano a vari nuovi progetti come un missile balistico da 100 km, il missile PARCA SAM radioguidato, un razzo sonda e un razzo strategico chiamato Eole.
Intanto, le V-2 messe insieme nelle officine di Poteaux, nonostante tutti gli sforzi, non volevano saperne di materializzarsi: solo una, delle trenta previste, venne completata nel tardo 1947 e si pensava che non ci si sarebbe arrivati al totale previsto prima del 1952.
Un missile vecchio di oltre dieci anni, però, non rappresentava il futuro, e così si pensò al previsto progetto della A9 con motore ad acido nitrico e gasolio, abbinato al Progetto interamente francese EA 1946 dell'ing Barré, che, però, fallì due lanci nel 1952 e finì miseramente.

- Nemmeno la Super V-2 o A9 ebbe miglior sorte, venendo abbandonata.

Ma al tecnico Bringer venne detto di continuare a sviluppare il generatore di gas.

Lui si interessò anche a piccoli endoreattori ad acido nitrico e cherosene, retaggio del motore del Wasserfall.
In ogni caso, nel 1948, il progetto della Super V-2 venne cancellato, ma in compenso i tecnici tedeschi di Vernon iniziarono a produrre razzi-sonda di eccellenti caratteristiche, fino ai sistemi per il lancio di satelliti.

- Il primo fu il Veronique, simile a una piccola V-2, che costava solo 10.000 dollari, lungo 6,5 metri, diametro 55 cm, con 710 kg di acido nitrico e gasolio, motore da 4.000 kgs per 31,5 secondi, peso totale fino a 1.435 kg.

Era privo di giroscopi, ma per stabilizzarsi ricorreva a 4 cavi a tensione bilanciata su 4 aste orizzontali, predisposte per staccarsi a 60 metri di quota, motore con raffreddamento rigenerativo, e quota variabile.

- A seconda delle versioni, passava da 70 km a ben 200.

Entrò in produzione nel 1952 e ne vennero lanciati non meno di 66 fino al 1968, l'ultimo per inaugurare la base spaziale di Kaurou nella Guyana francese.
Passarono gli anni, e si provò a lanciare un programma europeo per i vettori Europa, ma i suoi sottosistemi erano utili e Bringer migliorò prima il Veronique e poi si dedicò al grosso Vesta, da 14.400 kg di spinta, peso di 5.400 kg e possibilità di piazzare ben 500 kg di carico a 600 km di quota.

- Nel frattempo all'ONERA di Chatillon, i Francesi erano riusciti a sviluppare il razzo-sonda LEX che pesava appena 76 kg ma scattava con una spinta iniziale di circa 1.000 kg, che poi decadeva nei 30-35 secondi successivi a circa 200.

Ma dopo 8 lanci con successo venne abbandonato pur avendo un interessante motore con carbone e nitro metano, ovvero un sistema solido-liquido.

Nel 1962 arrivarono i vettori per satelliti anche in Europa.
Si vollero i lanciatori spaziali basati sul missile balistico inglese Blue Streak, ma al tempo stesso il 18 dicembre 1961 venne varato il piano per il lanciatore Diamant e fu costituito il CNES ovvero il Centro Studi spaziali.
I lanciatori Europa, nonostante l'accordo londinese del 23 marzo 1962 siglato da sette nazioni, non ebbero seguito, ma diedero il via all'esperienza, poi molto utile, alla futura agenzia spaziale ESA.
Intanto, in Francia i tecnici avevano assemblato il sistema motore Verix da 30 tonnellate, usato per il razzo Emeraude, ma sopratutto nel novembre 1965 venne lanciato il Diamant A, alto ben 18,9 metri con due stadi, costituito da un Emeraude e da un Topaze.

- Infine, c'era un piccolo Rubis con carico di 41 kg con il satellite Asterix, che però dopo poco tempo smise di mandare segnali.

Seguiranno altri satelliti, il Diapason del 17 febbraio 1966 e il Diadema dell'8 febbraio 1967.
Erano lanci eseguiti dall'Algeria, dal poligono di Hammaguir, ma questo dopo di allora venne chiuso e tutti i lanci vennero continuati a Kourou, iniziando con due satelliti DIAL e People, sul razzo Diamant B da 23,5 metri e 160 kg di carico utile.
Il razzo venne usato fino al 1973, via via migliorato, tra cui il motore Valois da 40 tonnellate di spinta, che era davvero l'ultimo dei possibili gradi evolutivi del progetto dell'A9 di Bringer, e che portava, così, un carico di 200 kg per orbite basse di 300 km, mentre la massa al lancio era di 27,5 tonnellate.
Solo tre i lanci, tutti entro il 1975.

- Infine arrivarono i razzi Viking per l'Ariane.

Fu ancora Bringer, con l'ultima decina di tedeschi di Vernon e molti francesi oramai ben educati nel settore, a far girare al banco il motore Viking 1 da 55 tonnellate che era destinato al razzo Europa 3, che altro non sarebbe stato se non l'Ariane.

- È incredibile, ma questo motore era basato concettualmente su di un tipo funzionale da 1.000 kgs del 1942, un piccolo prototipo.

Il sistema di raffreddamento del motore era semplificato con una pompa per l'acqua che serviva a raffreddare i gas e il generatore del motore usava gli stessi propellenti principali.
Era ben più semplice del parimenti potente Rocketdyne S.3 americano con sistema di raffreddamento rigenerativo e struttura, in generale, più complessa.

- Al Viking I del 1971 seguirà il Viking II da 73,5 tonnellate.

Alla fine, il successo dei razzi Ariane è stato pieno e il motore Viking è stato sostituito solo dal Vulcain con idrogeno e ossigeno liquidi.

- L'ing. Karl-Heinz Bringer andò in pensione nel 1976, dopo circa 30 anni di servizio con il centro sperimentale di Vernon, ed è morto il 2 gennaio 1999 a 90 anni.

Uno degli ultimi tra i 500 tecnici di Peenemunde, che per decenni, in tutto il mondo aerospaziale, hanno esercitato una grande influenza progettuale e concettuale.
Persone capaci di progettare nel 1942 sistemi validi 50 anni dopo (si potrebbe parlare anche degli sviluppi sovietici come quelli dei missili Scud, ad esempio), e che a tutti gli effetti hanno continuato a fare, nonostante l'ombra nera del programma A4/V-2, che von Braun considerava sostanzialmente un "male necessario" per proseguire il programma spaziale sulla loro carriera.
Come lo stesso von Braun, progressivamente caduto nell'oblio dopo il progressivo disinteresse per le missioni spaziali, gli altri

hanno cercato nella loro vita professionale di progredire nell'uso della propulsione spaziale, sperando magari un giorno di vedere realizzata la missione più importante concepita dal loro capo: una missione spaziale su Marte con equipaggio, prevista già nel 1952 da von Braun.
Si potrebbero senz'altro definire idealisti nella loro tensione verso tale ricerca, anche se spesso fattisi manipolare dai militari e dai politici di turno.

Il Wasserfall

Il Wasserfall è stato un grande missile antiaereo tedesco della seconda guerra mondiale, ma, come gli altri della sua categoria, non fece in tempo a entrare in servizio.

- Era un'arma imponente, simile al SA-2, con una gittata calcolata addirittura di 48 km.

I suoi progetti furono da modello per il missile statunitense Hermes-A1 e per il programma di ricerca sovietico noto con la denominazione di R-101.

- Il Wasserfall fu essenzialmente uno sviluppo antiaereo del missile V-2, conservandone la stessa forma e lo stesso disegno, anche se dotato di pinne aggiuntive poste a metà della fusoliera, per aumentarne la manovrabilità.

I lavori per il futuro progetto Wasserfall iniziarono nel 1941 su iniziativa di Walter Dornberger, uno dei leader del centro di ricerca missilistica presso il sito di test di Peenemünde.
L'idea era di creare un missile a propellente liquido con radiocomando, in grado di colpire i bombardieri nemici in formazione.
Lo studio preliminare del progetto continuò fino all'autunno del 1942, quando furono pubblicati i requisiti tecnici per il nuovo sistema di difesa aerea.
Da notare che il 25 settembre 1942 Goering aveva autorizzato lo sviluppo di quattro tipi di missili terra-aria:

- Missili non guidati (Taifun).
- Missili guidati a ricerca di bersagli (Enzian).
- Missili guidati otticamente dall'operatore (Rheintochter e Schmetterling).
- Missili guidati da radar (Wasserfall).

Sulla base di queste idee, furono sviluppati il missile Wasserfall stesso e le unità ausiliarie, mentre nella primavera del 1943 iniziarono i primi test di laboratorio.
Nell'ambito del progetto Waterfall, furono sviluppate tre varianti del razzo con le denominazioni:

- Wasserfall W-1: nella prima versione del Wasserfall, le ali erano più lunghe e meno inclinate rispetto alle versioni successive. Inoltre, le quattro ali situate nella parte centrale del corpo del razzo erano sfalsate di 45° rispetto alle pinne di coda.
  Si pensava che ciò aiutasse a prevenire la schermatura aerodinamica dei meccanismi di virata da parte delle ali delle pinne di coda, ma i successivi test nella galleria del vento dimostrarono che ciò non era necessario.

- Wasserfall W-5: nel secondo progetto, il W-5 era leggermente più grande e le ali erano più piccole e fortemente inclinate all'indietro. Il W-5 era accreditato di una velocità massima di 2.736 km/h, una tangenza di 18.300 metri (60.000 piedi) e autonomia di circa 26 km. Fonti tedesche stimano il costo di produzione unitario del Wasserfall tra 7.000 e 10.000 marchi, impiegando 1/8 delle ore lavorative per produrre il missile A-4/V-2, strategicamente inefficace.

- Wasserfall W-10: la versione finale, la W-10, era simile alla W-5, tranne per il fatto che era più piccola del 27%, per aiutare a risparmiare materiali. Il Wasserfall W-10 pesava 3500 kg, aveva un diametro di 0,72 metri, un'apertura alare di 1,58 metri e una lunghezza di 6,12 metri.

Durante la fase di lancio iniziale, la direzione era controllata da

quattro timoni in grafite situati nel flusso di scarico del razzo, simili al sistema V-2: a velocità dell'aria più elevate, il controllo passava a quattro timoni ad aria montati sulla coda del razzo.
Poiché doveva raggiungere unicamente l'altitudine di volo dei grossi bombardieri alleati, venne ridotto di circa un quarto della grandezza rispetto alle V-2: lungo 7,85 metri, pesava 3.700 kg, aveva una gittata di 25 km e una velocità massima di 770 metri al secondo (2.772 km/h).
A differenza dei loro progenitori, i Wasserfall erano progettati per il lancio che poteva essere dilazionato per periodi superiori a un mese e oltre, per questo motivo l'ossigeno liquido, eccessivamente volatile, non era appropriato per lo scopo.

- Di conseguenza, venne progettato un nuovo motore, disegnato dall'ingegnere Walter Thiel, che utilizzava una miscela di combustibile iperbolica (auto infiammante) di Visol, vinil isobutil etere, e di RFNA, composto dal 94% di acido nitrico e dal 6% di tetrossido di diazoto.

Questo propellente ipergolico era spinto nella camera di combustione unitamente ad azoto rilasciato da un serbatoio separato.

- In origine, la testata era di 100 kg ma in seguito fu sostituita con una di 306 kg sulla base di un esplosivo liquido.

L'idea era quella di creare un grande effetto esplosivo al centro della formazione dei bombardieri nemici, che avrebbe in teoria potuto abbattere diversi aerei con un solo missile lanciato, con un operatore che avrebbe fatto detonare la testata tramite telecomando.

- L'intento originale era di installare batterie antiaeree Wasserfall per difendere tutte le città tedesche con una popolazione superiore a 100.000 abitanti, il che avrebbe portato a circa 200 batterie Wasserfall, dispiegate in tre linee a circa 80 km di distanza.

Inoltre, con fino a 300 batterie di missili, era possibile difendere tutta la Germania dagli attacchi dei bombardieri nemici.
Per questo grandioso piano, sarebbero stati necessari 5.000 missili al mese e si stimava che ogni missile avrebbe richiesto 500 ore di lavoro: per fare un paragone, per ogni missile V-2 ci volevano 4.000 ore di lavoro.

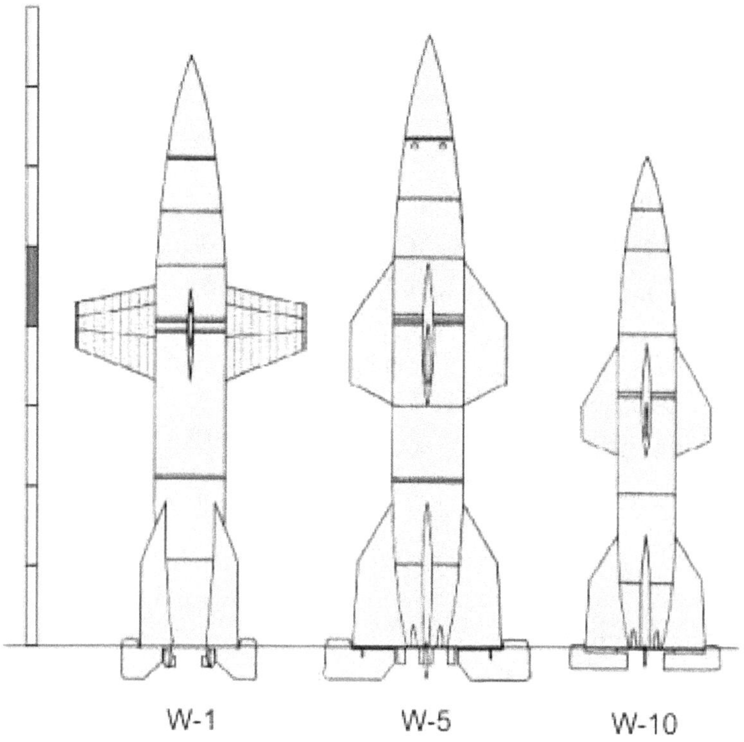

Il primo sito di Wasserfall avrebbe potuto essere allestito già nel novembre 1945, con un totale di altri 20 siti allestiti entro altri quattro mesi con 100 Wasserfall disponibili per ogni sito.

Si stimava, inoltre, che le cifre di produzione avrebbero

raggiunto i 900 missili al mese entro marzo 1946.

Il missile utilizzava un giroscopio automatico per il controllo di beccheggio/rollio/imbardata, con forze di controllo di beccheggio, rollio e imbardata generate da superfici di coda accoppiate meccanicamente e pale di spinta vettoriale in grafite nello scarico.

Il sistema di guida era basato su un controllo radio di tipo MCLOS, contro obiettivi diurni, mentre, per i lanci notturni, l'uso di questo razzo era molto più complesso data la scarsa visibilità sia del razzo stesso che dell'obiettivo.

- Con il sistema MCLOS, l'operatore doveva tenere d'occhio sia il missile sia l'obiettivo contemporaneamente e guidare il missile all'obiettivo.

Solitamente, il missile veniva manovrato con un joystick, che utilizzava una versione modificata del sistema di guida radio FuG 203/FuG 230 "Kehl-Straßburg" (nome in codice Burgund). Questa tecnologia, originariamente sviluppata per guidare i missili antinave dai bombardieri, era stata precedentemente impiegata nel controllo sia del Fritz X senza motore che dell'Henschel Hs 293 con propulsione a razzo.

Per il ruolo antiaereo, il meccanismo di controllo era stato installato accanto a una sedia, su una struttura che consentiva all'operatore di reclinarsi e osservare facilmente i bersagli in alto, ruotando se necessario per mantenere il contatto visivo con il bersaglio.

- Il MCLOS richiedeva un allenamento e una pratica considerevole per essere padroneggiato, per cui la precisione raggiunta dai missili MCLOS è difficile da raffigurare, siccome era fortemente dipendente dalla bravura dell'operatore.

Per ovviare a questo problema, erano in fase di sviluppo altri due schemi di guida radar avanzati.

- Il primo era il Rheinland, che era un sistema di comando manuale in linea di vista, che utilizzava un radiofaro transponder nel missile e un radar di tracciamento, sia per il missile sia per il bersaglio, consentendo attacchi notturni sui bombardieri della RAF o attacchi diurni attraverso un cielo coperto.
- Il secondo era un sistema di guida automatica a guida a raggio, che utilizzava due raggi ortogonali a forma di ventaglio, che ruotavano mentre il raggio seguiva il bersaglio. In questo sistema, il missile avrebbe automaticamente guidato il raggio fino all'impatto.

È interessante notare che il cercatore a infrarossi a reticolo rotante, sviluppato da von Braun per l'A4/V-2, non abbia mai trovato la sua strada nel programma Wasserfall.
In totale vennero effettuati 35 lanci di prova del missile Wasserfall prima dell'evacuazione del sito di Peenemünde, avvenuta il 17 febbraio 1945.
In un evento correlato, il razzo Bäckebo, che era essenzialmente un missile V-2 dotato di guida radio Wasserfall, precipitò in Svezia il 13 giugno 1944: questo incidente evidenziò la sperimentazione in corso e l'applicazione incrociata di tecnologie all'interno del programma missilistico tedesco durante questo periodo.

- Tutti i materiali del progetto Waterfall nella primavera del 1945 andarono ai vincitori.

Gli specialisti sovietici e americani hanno studiato attentamente questo sviluppo e hanno persino condotto i propri test, utilizzando sia razzi catturati sia prodotti già assemblati in modo indipendente secondo la documentazione tedesca.

- Tutto ciò ha permesso di determinare le reali possibilità e potenzialità del razzo tedesco.

Sulla base dei risultati dello studio, solo le soluzioni nel settore del motore e del sistema di alimentazione hanno ricevuto un punteggio elevato.

- A differenza di altri razzi a propellente liquido dell'epoca, il Wasserfall poteva, infatti, rimanere alimentato per un certo periodo di tempo senza alcun rischio.

Missile "Wasserfall" in mostra al Museo Nazionale dell'Aeronautica Militare Americana.

Una portata fino a 25 km e un'altitudine di 18 km consentivano di combattere contro qualsiasi aereo dell'epoca: in questo senso, il progetto Wasserfall era in anticipo rispetto a tutti gli altri sviluppi dell'epoca.

- Vale la pena notare che, dopo la fine della seconda guerra mondiale, il missile R-101 fu prodotto in URSS sulla base del missile Wasserfall e del missile A-1 Hermes negli Stati Uniti.

Tuttavia:

- L'R-101, versione russa postbellica del missile terra-aria tedesco Wasserfall non fu mai messo in produzione, ma la tecnologia fu utilizzata per ulteriori sviluppi di missili terra-aria e terra-superficie in Russia.
- L'R-108, era laversione di seconda generazione, tutta russa, dell'R-101, a sua volta derivato dal Wasserfall tedesco. Lo sviluppo iniziò nel maggio 1949, ma il missile non raggiunse la fase di test di volo prima della sua cancellazione nel 1951.
- L'R-109, anch'esso derivato russo del Wasserfall tedesco, era un progetto intermedio tra l'R-101 e l'R-108. Il missile non raggiunse, comunque, la fase di test di volo, prima di essere cancellato nel 1951.

Oltre al Wasserfall erano stati sviluppati, con vari gradi di successo, anche altri missili terra-aria:

- Il Rheintochter, missile multistadio di difesa aerea a propellente solido, alto 6,3 metri con un diametro di 54 cm e con un carico massimo di 150 kg di esplosivo ad alto potenziale.
- Lo Schmetterling, missile terra-aria, inizialmente equipaggiato con un motore a propellente liquido BMW 109-558, che in seguito ricevette un Walther HWK 1090-729. Quest'ultimo utilizzava acido nitrico e cherosene, più alcol per un primo impulso. Per aumentare la spinta, vengono aggiunti due razzi a polvere Schmading 109-553.
- Il Feuerlilie, che venne progettato in due configurazioni, l'F25 e l'F55, il cui numero era il diametro della fusoliera in centimetri.
- L'Enzian, un missile a propellente liquido, con 4 razzi a propellente solido per il decollo, che raggiungeva Mach

0,66. L'Enzian era guidato da un radar di illuminazione e da un sistema a raggi infrarossi e portava una testata ad alto esplosivo da 450 kg. Lo scopo di questo missile era, essenzialmente, quello di rompere le formazioni di bombardieri per permettere ai caccia e alla FlaK (artiglieria contraerea) di distruggere i bombardieri nemici senza che essi potessero proteggersi a vicenda.

www.ingramcontent.com/pod-product-compliance
Lightning Source LLC
LaVergne TN
LVHW010115170826
845678LV00012B/2424

* 9 7 8 2 3 7 2 9 7 2 8 8 8 *